Caroline Pierson

Der Verschwundne

Roman

Caroline Pierson

Der Verschwundne
Roman

ISBN/EAN: 9783744608794

Hergestellt in Europa, USA, Kanada, Australien, Japan

Cover: Foto ©Thomas Meinert / pixelio.de

Weitere Bücher finden Sie auf **www.hansebooks.com**

Roman

von

R. Edmund Hahn

Leipzig.

Gustav I. Purfürst.

1866.

Erstes Kapitel.

Das Jagdschloß.

Umgeben von bewaldeten Felsengruppen, in einer der romantischesten Gegenden Mitteldeutschlands stand seit Jahrhunderten ein großes Jagdschloß, in welchem der Sage nach in der zweiten Hälfte des vorigen Säculums eine sehr schöne, stolze Dame in tiefster Verborgenheit gelebt haben sollte.

Die ältesten Leute in der Gegend erzählten, daß sie niemals die vornehme Bewohnerin des Schlosses, wohl aber dann und wann Eins oder das Andre von ihrer Dienerschaft gesehen hätten, auch raunte man sich in die Ohren, daß der damalige Landesherr, der Vater des jetzt regierenden Herrn die Dame oft besucht habe, und zwar nur in Begleitung eines einzigen vertrauten Mannes; nach seinem Tode sei auch die Dame nebst ihrer Dienerschaft verschwunden, und während einige behaupteten, sie sei heimlich ermordet worden, versicherten Andre, sie habe sich selbst das Leben genommen.

Seit langer Zeit hatte Niemand das Schloß bewohnt, und obgleich der jetzt regierende Herr, sowie die Prinzen seines Hauses, die Jagd liebten, kamen sie doch Alle niemals in die Nähe des alten Wohnsitzes und jagten in andern Gegenden zum großen Aerger des Försters, zu dessen Revier das alte Gebäude gehörte.

Endlich, nachdem das Schloß fast vergessen worden war, und eine lange Reihe von Jahren unbewohnt gestanden hatte, erhielt es wieder Gäste, die aber mit den Nachbarn, welche allerdings nicht nahe Nachbarn genannt werden konnten, wenig Verkehr hatten.

Dennoch, ja wahrscheinlich gerade deßhalb, wurde viel über die alte Dame und das junge Mädchen, über den wortkargen Diener, die halbtaube Magd geredet, da man sie zuweilen in der Kirche sah in einem von der übrigen Gemeinde getrennten Betstübchen. Auch Kinder und Frauen, welche Waldbeeren und Pilze suchten oder Reisig sammelten, waren oft den Dienern, zuweilen auch dem jungen Mädchen begegnet, das bei schönem Wetter viel im Freien umherwandelte, gewöhnlich von einem großen Neufoundlandhunde begleitet.

Ueber die alte Dame gingen unter den Bewohnern des nächsten Ortes, der ein hübschgelegener Marktflecken war, die widersprechendsten Gerüchte.

Sie sollte mit der fürstlichen Familie verwandt und außerordentlich reich sein, Andere versicherten, sie sei wegen hochverrätherischer Umtriebe in diese Einsamkeit verbannt worden und der alte Diener sei ihr Kerkermeister; Einzelne erklärten sie für eine verarmte Edelfrau, welche, weil es ihr an Gelde fehle, um ihrem Stande gemäß zu leben, sich in diese Waldeinsamkeit zurückgezogen habe. Die

Einfältigsten flüsterten: die Frau sei eine Hexe, und mit
dem Mädchen möge es wohl seine eigene Bewandtniß haben.

Der Revierförster Eisenmann, ein Name, welcher für
diesen Mann vortrefflich paßte, sagte, wenn ihm dergleichen
zu Ohren kam: „das ist Alles eitel Geschwätz, ich habe der
Dame auf Befehl unserer Allerdurchlauchtigsten das Schloß
öffnen müssen, und sie kann mit ihren Begleitern darin
bleiben so lange sie will, folglich ist die Bewohnerin des
Schlosses zu respektiren und damit Punktum!"

Indeß, Herr Eisenmann mochte sagen was er wollte,
das Publikum des Fleckens dachte was es wollte.

Ein Gutes hatten jedoch diese Schwätzereien, so unangenehm sie auch oftmals lauteten, man ließ Frau Haag,
so nannte sich die Dame, unbelästigt, und weil man sie
für eine wunderliche Person hielt, „denn nur eine solche
konnte es in dem gespenstigen Schlosse aushalten," wagte
keiner sie zu necken oder wohl gar zu bestehlen.

An einem kühlen Abend, gegen das Ende des Oktobers
saßen die drei Bewohnerinnen des Schlosses schweigend in
dem großen Gemache, dessen halb verblichene Tapeten und
Mobilien noch deutlich zeigten, daß es einst von einer vornehmen Dame bewohnt gewesen war.

Am Fenster, dem altmodischen, aber zierlichen Näh-
tischchen gegenüber, hatte die alte Dame Platz genommen,
sie hielt ein Buch in der Hand, aber sie las wenig darin,
immer wieder schweiften ihre Blicke durch das Fenster auf
den Waldpfad, welcher zu dem Schlosse führte.

Die Magd, ein noch rüstiges Geschöpf, aber harthörig,

saß in der andern Ecke des Gemaches an einem Tische und band Kräuter in Sträuße, das junge, schöne Mädchen schrieb.

„Wo nur Christoph heute bleibt!" sagte jetzt Frau Haag, „er müßte schon vor einer Stunde zurückgekehrt sein. Hast Du ihm besondere Aufträge gegeben Cornelia?"

„Nein, liebe Großmama! Ich denke Christoph wird in wenig Minuten hier sein, es ist ja noch nicht spät."

„Aber die Dämmerung naht," sprach die Großmutter, „und Christoph weiß es, daß ich ihn gern bei Tageshelle heimkehren sehe. Der Revierförster erzählte gestern, daß in letzterer Zeit in der Gegend mehrere Einbrüche stattgefunden hätten, dem reichen Fabrikherrn Hilbenz soll eine bedeutende Summe entwendet worden sein, Christoph hat dießmal viel eingekauft, er hat auch Geld für mich abgeholt, wenn dem alten, treuen Diener ein Leid geschähe, würde ich es tief beklagen!"

Das Mädchen lächelte, schob die Schreiberei zurück, weil es nicht mehr viel sehen konnte, und sprach: „aber warum heute so ängstlich, Großmama? Du bist sonst so muthig und bleibst freiwillig in dieser Einsamkeit, die selbst ein kühnes Herz verzagt und niedergeschlagen machen kann. Uebrigens hat Christoph den schweren, mit Eisen beschlagenen Stock bei sich, im Gürtel ein Terzerol, und, so viel ich weiß, ist auch Diana mit ihm gegangen, endlich, liebste Mama, geht um sieben Uhr zehn Minuten der Mond auf."

„Allerdings könnte Christoph sich wehren, würde er angefallen, und man sucht wohl nicht viel Geld bei ihm!"

erwiderte Frau Haag, „dennoch kann ich mich nicht von einer gewissen, unerklärlichen Angst frei machen, es ist mir zu Sinn, als müsse heute etwas Außerordentliches geschehen, als müsse die nächste Stunde —"

Sie brach ab und fuhr nach einer Pause fort: „also dieses schöne Schloß, diese ruhige Waldeinsamkeit gefällt Dir nicht? Meinst Du, unwissendes Kind, draußen unter den Menschen sei es besser, schöner, heitrer?"

„Gewiß, Großmama! Du bist über vierzig Jahre älter als ich, und magst wohl manches Trübe erfahren haben, aber Du hast auch die Welt gesehen, von welcher ich so gar nichts kenne, und sie muß doch prachtvoll und reizend sein!"

„Preise Dich glücklich, Cornelia, wenn Du immer hier bleiben kannst!"

„Immer hier? Oh! immer hier?" rief das Mädchen und sprang rasch auf, „das ist doch nicht Dein Ernst? Hast Du, liebe, theure Mama, Dich so sehr bemüht, mich in Sprachen, in Musik zu unterrichten, hast Du mir deßhalb Bücher in die Hände gegeben, welche so viel und lebendig von der schönen lockenden Ferne erzählen, damit ich immer hier bleiben soll? Muß ich denn immer allein ohne Umgang mit Mädchen meines Alters leben, immer —"

„O Cornelia!" seufzte die alte Dame, „sieht es so in Deinem Innern aus? Du schienst bisher so fröhlich, ja, Du warst es auch. Glaube mir, die ich die Welt kenne, sie ist für die Wenigsten länger als einige Tage schön, wenn ich Dir einst Alles erzählen werde, was ich erlebte, wirst Du Dich nicht aus diesem Schlosse sehnen!"

„Warum aber soll ich in der Welt denn eben so viel Bittres erfahren wie Du, Großmama? hat doch an mir das Schicksal schon seine Tücke ausgeübt, wenn es denn wahr ist, daß Keiner von ihm verschont bleibt. Ich habe beide Eltern in frühester Kindheit verloren, ich brachte meine ersten Lebensjahre in einem Haidedörschen, fern von allem Umgang mit andern heitern jugendlichen Wesen zu, jetzt sollt' ich meinen, wäre doch endlich für mich eine neue Zeit da. Ich liebe Dich, Großmama, ich bin Dir für Liebe und Belehrung innigst dankbar, um keinen Preis möchte ich fern von Dir sein, aber Du bist ja noch kräftig und noch nicht zu alt, wäre es nicht prächtig, wenn Du mit mir in die schöne blaue Ferne reistest, wenn wir in einer Stadt lebten, wo ich alle die Kunstschätze sehen und bewundern könnte, von welchen ich bisher nur durch Bücher oder aus Deinen Mittheilungen Kunde erhalten habe?"

„Liebes Kind," erwiderte die Großmutter, „ich begreife Deine Sehnsucht nach der Ferne, alle jungen Leute wollen die Welt sehen, aber, wenn ich auch Deinen Wunsch erfüllen und Dich in die Welt führen wollte, so hindert mich doch der letzte Wille Deines Vaters, die rührende Bitte Deiner sterbenden Mutter daran. Du sollst Deine Einsamkeit nur an der Hand eines Gatten verlassen, und dieser —"

In demselben Augenblicke trat Christiane, die Dienerin mit Licht in das Gemach, der Neufoundländer folgte und die Großmutter rief erfreut: „ah, Diana, also ist auch Christoph glücklich heimgekehrt!"

Doch nicht wie gewöhnlich erschien der Diener um sich

seiner Herrin vorzustellen und ihr, nachdem er ausgeruht
hatte, von dem, was er für sie ausgerichtet hatte, Rechenschaft abzulegen, auch Christiane entfernte sich schnell und
schweigend, wie sie gekommen war, und Cornelia begleitete
die Alte in Folge eines bedeutsamen Augenwinkes, den
Frau Haag nicht bemerkt hatte.

Die würdige Dame hatte in der Halle den ihr wohlbekannten Tritt Christophs gehört, sie glaubte, daß er verschiedene Sachen, welche er in der Stadt gekauft hatte, in
der Küche ablege, war also wegen ihm ganz beruhigt, aber
die Reden ihrer Enkelin hatten einen großen, schmerzlichen
Eindruck auf sie hervorgebracht, bange Sorge in ihr wach-
gerufen, denn Frau Haag hatte in ihrer Jugend selbst zu
tief und leidenschaftlich gefühlt, um nicht für Cornelia's
künftiges Glück zu fürchten, sie war eine von jenen poetischen,
liebenswürdigen Frauen, welche noch immer mit der Jugend
zu sympathisiren vermögen, wenn auch längst der Schnee
des Alters ihr Haupt bedeckt.

Zweites Kapitel.

Der Fremde.

In Linderode, einem freundlichen, lebhaften Marktflecken,
ungefähr eine deutsche Meile von dem Jagdschlosse entfernt,
war Jahrmarkt abgehalten worden und die vielen Wagen
vor dem ersten Gasthofe des Ortes verriethen, daß sich im
schwarzen Adler noch viele und ansehnliche Gäste befänden.

Während die stattliche Frau Wirthin in der Küche kommandirte, sorgte der fröhliche Wirth dafür, daß jeder Gast nach Wunsch bedient wurde. Er begleitete die Damen und Herren, welche gegen Abend heimfuhren bis an die Wagen, wo er sich nochmals mit aller Grazie eines artigen Gastgebers verbeugte; er lud die Herren, welche davon ritten, ein, seinem geringen Hause bald wieder die Ehre zu erzeigen, es zu besuchen, und hatte auch ein höfliches Abschiedswort für diejenigen unter den Gästen, welche in bescheidenerer Kleidung und zu Fuße gekommen waren.

Endlich war es ruhiger in der großen Unterstube, welche, obgleich sehr ländlich eingerichtet, den prunkenden Namen Speisesalon erhalten hatte. Außer den Stammgästen befanden sich nur noch einige Herren von den nächsten Ortschaften da und zwei Bettler von Profession, ein Blinder und ein Lahmer, außerdem große, starke Männer. Sie hatten sich bescheiden auf die Ofenbank gesetzt und überzählten ihre Einnahme, welche, obgleich nur aus Kupfermünzen bestehend, nicht unbedeutend war.

Der Hausherr setzte sich jetzt mit einer Verbeugung gegen seine Gäste an das untere Ende der Tafel, ein flinker Kellner brachte ihm Speise und Trank und Herr Rinecker ließ es sich vortrefflich schmecken.

„Sie kommen spät an die Reihe," sagte ein freundlicher Herr, „ich glaube, Sie haben heute noch gar nicht gespeist."

„Erst die geehrten Gäste, dann der Wirth, an Markttagen gibt es viel zu thun; möchte nur öfter hier Markt gehalten werden, es ist außerdem sehr still hier."

„Wird in wenig Jahren lebhafter hier werden, Herr Wirth; bis Rauhenfels ist schon im nächsten Frühling die Eisenbahn fertig, wird von da bis hierher eine Zweigbahn gebaut, dann werden bald die Touristen kommen, die romantische Gegend zu durchstreifen."

Während dieses Gespräches ging die Thüre auf und ein neuer Gast trat ein, den Herr Rineder sofort auf das Höflichste begrüßte, denn mit dem scharfen Auge eines Gastwirthes erkannte er in demselben einen Mann von Stand und Bildung, obgleich sein Anzug sehr einfach war, selbst das Ränzchen auf dem Rücken des Herrn und der dicke Knotenstock, den derselbe in der Hand hielt, machten den klugen Rineder nicht irre.

Der Fremde legte sein Ränzchen ab, entledigte sich in einer Ecke seiner Blouse und stand jetzt in dunkelgrünem kurzem Jagdrock da, dessen Stoff und Schnitt deutlich zeigten, daß er von einem großen Kleiderkünstler verfertigt sei.

Auf die Frage nach Speise und Trank versicherte der Wirth, daß der Herr sofort bedient werden solle; der neue Gast nahm an der Tafel Platz und sagte mit wohlklingender Stimme im besten Deutsch: „Bringen Sie mir, was eben in der Küche fertig ist, vor Allem ein Glas guten Wein."

Die Herren, welche schon früher dagesessen hatten, fuhren in ihrem Gespräche fort, welchem der neue Gast mit schweigendem, aber sichtlichem Antheile folgte.

„Ich glaube nicht, daß wir sobald von Rauhenfels nach Lindenrode Eisenbahn erhalten werden," bemerkte ein anderer Herr, „sie würde, da es doch wenig Ortschaften und meist Waldungen zwischen Rauhenfels und hier gibt, nicht genug rentiren."

„Wohl wahr, Herr Doctor, allein unser Flecken würde sehr gewinnen, in wenig Jahren ein volkreiches Städtchen werden; wir Linderober müssen uns nur rühren, zum Minister des Innern gehen, ihm vorstellen, was wir Alles aus unsrer Gegend herausziehen könnten."

„Ganz richtig, Herr Friedberger," rief lebhaft der Nachbar des neuen Gastes seinem Gegenüber zu. „Da pilgern die Wohlhabenden aller Nationen, vornehmlich die Engländer an den Rhein, nach Heidelberg, in die sächsische Schweiz; unsre malerische Gegend kennt kein Mensch, weil sie weit ab von größeren Städten liegt und die Wege hier in der Gegend gar zu miserabel sind. Haben wir aber Eisenbahn, da sollen Sie sehen, schaarenweise kommen sie gezogen, unsern Wald, den Eichentempel, die Ruine Wildeneck und das Jagdschloß zu sehen, wir bekommen in unserm Ort einige große Gasthöfe, der schwarze Adler unseres lieben Nachbars wird zum Hôtel Rinecker, zwei bis drei unserer Krämer vergrößern ihre Laden um das Dreifache. Endlich erfreuen wir uns einer großen Buch-, Musikalien- und Kunsthandlung, eine Lateinschule wird gegründet, eine Forstacademie und so weiter, und so weiter!"

„Möglich, Herr Apotheker, ist doch in den letzten zehn Jahren aus manchem Städtchen eine Stadt geworden; ich stimme auch für die Eisenbahn."

„Gewiß, meine Herren," stimmte Herr Rinecker bei,
„wir würden auch dann bald Maler hier haben, die schönsten Punkte unserer Gegend aufzunehmen. Zum Beispiel
Schloß Bieberach gibt für den Zeichner viel her, von allen
Seiten betrachtet ist es schön, die Touristen müßten dann
auf der ersten Station hinter Rauhenfels aussteigen, von
Weiherdorf bis Bieberach geht man in einer guten Stunde."

„Sie haben Recht, Rinecker, Schloß Bieberach ist schön,
aber der große Garten, der im englischen Geschmacke an-
gelegte Park, welche das Schloß umgeben, sind für Viele,
zum Beispiel für mich, noch schöner. Der selige Graf
wandte viel auf Blumen, sein Garteninspector ist in seinem
Fache Gelehrter und Dichter zugleich, ob aber der junge
Graf, dem die prächtige Herrschaft jetzt gehört, ebensoviel
für die Gärten und Parkanlagen auf den Gütern thun
wird, ist die Frage. Er ist jetzt auf Reisen und soll ein
Büchermensch sein, und diese wissen, trotz ihrer Gelehrsam-
keit und Sprachkenntnisse oft nicht, daß man Hyacinthen
aus Zwiebeln und Rittersporn aus Saamen zieht."

Der stumme Gast lächelte ein wenig; der Apotheker
sagte: „ist denn nicht der Graf auf Bieberach mit unserer
Landesmutter verwandt?"

„Durch seine Mutter, eine gewaltig stolze Dame, sie
kann wohl mit ihrem Sohne nicht zum Besten stehen, weil
dieser liberale Ansichten haben soll. Mit dem jungen Grafen
möchten wir Linderober sprechen, sobald er wieder daheim
ist; er könnte in Bezug auf eine Eisenbahn an geeigneter
Stelle schon ein gewichtiges Wort fallen lassen, denn die

Bieberach sind seit undenklichen Jahren die ersten und reichsten in der Provinz."

„Ist es denn wahr?" fragte der Doctor, „daß der junge Eisenmann seines Vaters Substitut werden und nächstens heirathen soll und zwar — rathen Sie, meine Herren!"

„Etwa die junge Dame aus dem Jagdschlosse?" sprach der Apotheker und lachte.

Alle brachen in ein schallendes Gelächter aus.

„Sie lachen, aber bei Gott, aus des alten Eisenmanns Reden muß ich schließen, daß er wirklich seinen Anton mit dem Schloßfräulein verloben will. Aus alter Freundschaft machte ich ihm einige Vorstellungen, aber da wurde der Alte ganz bärbeißig. Seinem Sohne zu gestatten, daß er ihm eine Schwiegertochter zuführt, die keinen Heller im Vermögen hat —"

„Und keine ehrliche Familie, denn Gott mag wissen, wo sie herstammt!"

„Die vom Haushalt gar nichts versteht, denn sie legt den ganzen Tag die Hände in den Schooß und liest Romane."

„Wir in Linderode sind der alten Madame zu gering und unsre Töchter sind dem jungen Püppchen zu einfältig!"

„Aber schön ist das Mädchen, auf Ehre, mächtig schön!" rief Herr Silberbarth, ein bejahrter Herr, dazwischen. „Ich bin, wie Sie wissen, in meinen jungen Jahren viel gereist und als Hofmeister meines Barons in die beste Gesellschaft gekommen, aber wenn ich das Schloßfräulein mit den schönsten, liebreizendsten Damen, die ich jemals gesehen habe, vergleiche, so muß ich doch, um der Wahrheit getreu zu bleiben, sagen: unter den ersten Schönheiten würde sie die Königin sein."

„Es scheint, das Schloß ist dazu bestimmt, wunderbare Schönheiten aufzunehmen," sagte der Doctor, „mein Großvater hat oft von der Unbekannten erzählt, die vor Jahren in dem Schlosse mehrere Jahre gelebt hat, er beschrieb sie als einen Ausbund von Liebenswürdigkeit, und vor zehn Jahren, als ich noch Student war, sah ich in dem Jagdschlosse ein Bild, Sapperment, wenn dieses das wohlgetroffene Porträt der Dame war, dann hatte mein Großvater vollkommen Recht."

Der schweigsame Gast wandte sich jetzt an den Hausherrn und sagte halblaut zu ihm: „ich war vor einigen Jahren schon einmal in dieser Gegend und habe von dem Schlosse, das jetzt der Gegenstand des Tischgespräches ist, weder etwas gesehen noch gehört; wie heißt das Schloß und wo liegt es?"

„Es hat keinen Namen, mein Herr, und wo es liegt, ist nicht genau anzugeben, denn es ist im dicken Walde, von Felsengruppen versteckt. Wenn man an der Lindenrober Kirche vorüber ist, wendet man sich rechts. Ein Viertelstündchen geht man an Feldern und Wiesen vorbei, dann kommt man in den Wald; da gibt es aber der Pfade so viele, daß man den Weg nach dem Schlosse nicht so leicht finden kann. Ein Punkt im Walde heißt, weil sieben alte Eichen in einem Rondel stehen, der Eichentempel; wenn man dort ist, führt ein ziemlich gerader, aber steiniger Pfad zum Jagdschlosse."

„Wollen Sie es besuchen, Herr, so wird es Sie nicht gereuen, falls Sie alte Gebäude, schwarze Fichten und bemooste Felsen lieben; aber auf Gastfreundschaft von Seiten der alten Schloßbewohnerin oder auf den Anblick der jungen Schönheit dürfen Sie sich keine Rechnung machen. Niemand außer dem Oberförster Eisenmann und seinem Sohne findet Einlaß, der Diener der Dame ist mürrisch, immer zugeknöpft bis an den Hals, die Magd — kurz es ist eine Herenwirthschaft."

Der Angeredete gab keine Antwort, verzog nur den Mund etwas spöttisch und leerte sein Glas Wein.

„Ich dächte, wir machten eine Parthie Billard," schlug der Apotheker vor.

Hierauf begaben sich einige der Herren in das anstoßende, eleganter eingerichtete Zimmer, während einige Andere dem eintretenden Dorfboten Briefe und Zeitungen abnahmen.

Der stille Gast sah auf die große Standuhr, welche, offenbar ein Erbstück und wohl so alt wie das Haus, das Gemach zierte, zog eine goldene Cylinderuhr, welche an einer langen goldenen Kette befestigt war, hervor und stellte sie nach der großen Uhr. Dann legte er einen Doppelfriedrichsd'or auf den Tisch, um seine Zeche zu bezahlen, und dem aufmerksamen Beobachter konnte es nicht entgehen, daß seine grünseidene Börse reichlich mit Goldstücken versehen war.

Schweigend schob er das Silbergeld, welches der Wirth ihm herausgab, in seine Börse, nahm Ränzchen und Stock und verließ nach kurzem Gruße das Gastzimmer.

Der Herr Pfarrer, denn er war der eifrigste Zeitungsleser des Ortes, ließ jetzt die Zeitung sinken, winkte dem Wirthe und flüsterte: „was meinen Sie zu diesem Gaste, Rinecker? Der junge Mann kommt per pedes, trägt sein Ränzchen und hat eine Börse voll Goldstücke. Leute, welche Goldfüchse besitzen, hahaha," und der Herr Pfarrer belachte sein Wortspiel, „pflegen auch Füchse vor den Wagen zu spannen oder auf Füchsen zu reiten. Der Hilbenz hat es mir heute geklagt, fünfzehnhundert Gulden sind ihm gestohlen worden, mittelst eben so schlauen, als gewaltthätigen Einbruchs. Seine Frau und Tochter haben sie gebunden, der Hilbenz selbst war gerade in Frankfurt am Main zur Messe. Tausend Gulden hatte er in Dukaten und Doppelfriedrichsd'or, die sind bis auf drei Stück von den Spitzbuben ausgeführt worden. Wenn dieser mundfaule Gast nur nicht mit den Räubern zusammengesteckt hat, solche Gauner haben oft das feinste Aeußere."

„Zugegeben, Herr Pfarrer; allein für diesen Herrn getraue ich mir Bürgschaft zu leisten. Ich habe drei Jahre in Wien in den ersten Kaffeehäusern servirt, da lernt man kennen, was ein Cavalier ist. Dieser Herr hatte ganz die Haltung und das Wesen eines vornehmen Mannes, die schmalen Füße und Hände, das wohlgepflegte, weiche Haar des Aristokraten. Ist er nicht ein Edelmann, so ist er jedenfalls ein Dichter oder ein Künstler, diese haben auch oft ein solches Aeußere und an Geld fehlt es ihnen auch nicht. Einem Künstler sieht solch eine Reise ganz ähnlich!"

„Künstler, Dichter und so viel Goldstücke?" brummte der alte Pfarrer, „aber ich wasche meine Hände; Sie, mein lieber Rineder, sind Gemeindevorsteher und wenn der junge Mann Unheil anrichtet — "

„Bester Herr Pfarrer, über das Unheil, was Sie dem Herrn zutrauen, bin ich vollkommen ruhig. Die Börsen und Geldschränke der Leute werden von dem nicht beachtet werden, eher mögen sich die jungen Damen vor ihm hüten, denn für diese scheint er sehr gefährlich."

Die freundliche Hausfrau steckte jetzt den Kopf durch die offene Thüre beim Ofen, welche an die Küche stieß; sie wollte die beiden Bettler, vor Allem den armen Blinden an dem Abendessen, was ihre Leute eben bekamen, Theil nehmen lassen, aber beide waren fortgegangen, still und unbemerkt.

Ohne sich umzusehen wanderte Emil, dies war der Taufname des jungen Mannes, welcher dem würdigen Pfarrer so viel Stoff zum Reden gegeben hatte, an den Feldern vorüber, dem Walde zu. Er hatte ursprünglich, auf seiner Reise in das Blaue, die Absicht gehabt, in Linde= robe zu übernachten und einige Tage dazubleiben, je nach= dem das Wetter sein würde, jetzt war er schnell anderen Sinnes geworden.

Hang zu Abenteuern war ihm angeboren und da man ihn, das einzige Kind seiner Eltern, stets sorgfältig bewacht und in gewisser Weise mit unverständiger Strenge behandelt

hatte, so suchte er, sobald er erwachsen war, alle Bande
von sich abzustreifen und lebte ganz nach seinem Gefallen.

Angeborner Edelmuth, Geschmack, Kenntnisse schützten
ihn vor Thorheiten und hielten ihn ab, Unrecht zu handeln,
allein Abwechselung und ungewohnte Umgebungen liebte er
sehr, doch mußten sie nicht aller Poesie baar sein. Er besaß
Dichtertalent und auch ein Dichtergemüth; einen Roman
zu erleben war ihm noch lieber als einen zu schreiben,
obschon ihm dies dann und wann große Freude gewährte.

Das Schloß im Walde mußte ihn, der ein großer Be-
wunderer romantischer Gegenden und ein Freund von Fußtouren war, anziehen, nun hatte Emil auch noch von einem
schönen Mädchen gehört, Grund genug für ihn, sich schnell
aufzumachen und den Eintritt in das verbotene, verriegelte
Jagdschloß zu gewinnen zu suchen.

Jetzt befand er sich am Eingange des Waldes, bald ging
der Mond auf, welch' herrliche Wanderung stand ihm bevor.

Obschon es October war, spürte doch Emil durchaus
keine Kälte, seine Kleidung und die Flasche Niersteiner,
welche er geleert hatte, machten ihn warm genug.

Er fand, wie der Gastwirth ihm gesagt hatte, mehrere
Pfade und wußte nicht, welchen er einschlagen sollte. Nach
kurzem Nachdenken beschloß er, sich links zu wenden, und
offenbar hatte er instinktmäßig den richtigen Weg getroffen,
denn wieder nach einem Viertelstündchen stand er auf einem
lichteren Platze im Walde, auf welchem sieben mächtig-
große Eichen prangten; daß er sich im Eichentempel befände,
schien ihm zweifellos.

Das Licht des Mondes zeigte den Wald in milder Pracht. Er sang mit schöner wohlgeschulter Baritonstimme eines seiner Lieblingslieder und wanderte weiter. Lange Zeit hindurch hatte er sich nicht so zufrieden gefühlt, wie eben jetzt.

„Ich werde das Jagdschloß schon finden, das schöne Mädchen, und — aber wenn ich die Nacht im Walde zubringen muß, oder wenn man doch in dem alten Neste die Thore zugesperrt läßt," dachte er und rief dann sich selbst zum Troste: „wenn, wenn, dummes Wort. Einen müden, verirrten Wandrer weist der härteste Mann nicht von seiner Schwelle, und Frauen sollten so ungastfreundlich sein? Unmöglich!"

Seine Zuversicht auf baldiges Erleben eines poetischen Abenteuers machte ihn ganz übermüthig, er lachte, pfiff und sang, wäre der Weg nicht so steinig gewesen, er würde wohl auch noch getanzt haben.

In seinen Gedanken versunken hatte er nicht bemerkt, daß schon längere Zeit zwei Männer hinter ihm hergingen. Einer von ihnen trug einen dicken Knüttel, der andere ein blankes Messer, auch hatten sie einen großen Hund bei sich.

Der Hund lief jetzt an Emil vorbei, und eben wollte sich dieser, einen Förster in der Nähe vermuthend, umsehen, als er einen heftigen Schlag über den Kopf bekam, so daß er taumelte. Dennoch besaß er Geistesgegenwart genug, um einen Streich mit seinem Stocke nach dem Angreifer zu führen, allein auf dessen Ruf packte ihn der Hund und der andere Bösewicht versetzte ihm einen Messerstich in den

Rücken, während der Erste ihm noch einen heftigeren Schlag gab, der ihn zu Boden streckte.

„Wollen wir ihn kalt machen?" flüsterte der größere von den beiden Schurken.

„Zu was? Er hat genug, kennt uns schwerlich wieder, wir wollen sehen, was er bei sich hat und ihn dann liegen lassen."

Jetzt durchsuchten die Männer Emils Taschen und nahmen das Goldnetz an sich, dann bemächtigten sie sich der Uhr und Kette und zogen ihm die Brillantnadel aus dem Hemd.

„Den Ring wollen wir ihm lassen, das Wappen in demselben könnte uns leicht verrathen!" sprach der Kleinere.

„Hast Recht, Valentin! Jetzt wollen wir ihm noch schnell den Tornister abschnallen, vielleicht gibt es in diesem noch etwas für uns."

Sie thaten es mit großer Gewandtheit, der Mondschein leuchtete dazu.

„Nichts von Belang, Wäsche, einige Bücher, eine Mappe, das nützt uns nichts, kann an uns nur auffallen. So, jetzt wären wir fertig. Komm, Ignaz.

„Erst wollen wir theilen!"

„Meinethalben, aber dann, Lahmer, laß uns laufen."

„Ja wohl, Blinder!"

Und beide lachten über ihre Späße.

Die Theilung ging schnell vor sich, dann verschwanden beide würdige Männer im Dickicht, um ihre alten Masken wieder vorzunehmen. Den anderen Tag war Markt in

Rauhenfels, wo sie wieder als Leidensgenossen, als bemit=
leidenswerther Blinder und Lahmer zu erscheinen hatten.

Emil lag regungslos da, seine Wunde blutete, sein Be=
wußtsein hatte ihn verlassen, der Todesengel schwebte über
seinem Haupte und Niemand von seinen Verwandten und
Freunden wußte davon.

Aber zur rechten Zeit nahte ihm Hülfe; kaum zehn
Minuten mochten die Räuber ihn verlassen haben, als ein
bejahrter, aber noch rüstiger Mann, ebenfalls von einem
Hunde begleitet, des Weges daher kam.

Der Hund entdeckte zuerst den Verwundeten. Alsbald
bückte sich der Wanderer zu Eimil herab, verband die
Wunde so gut sich das in der Eile thun ließ, und lud den
Bewußtlosen auf seinen Rücken. Einen Korb mit verschie=
denen Sachen gefüllt, gab er dem Hunde zu tragen.

Eine gute Strecke Wegs trug Christoph, denn e r hatte
Emil aufgefunden, den jungen Mann, da verließen ihn die
Kräfte und er mußte seine Last niederlegen. Mit raschen
Schritten, auf dem nächsten, nur ihm und den beiden
Eisenmann bekannten Pfade eilte er dem Jagdschlosse zu
und kehrte sobald als möglich mit Christianen, die ihm eine
mit einer Matratze bedeckte Bahre tragen half, zu Emil
zurück.

Auch Cornelia schloß sich dem alten Diener an, er hatte
ihr im Vorgemach schnell zugeflüstert, was sich begeben
hatte, und sie holte leinene Binden und cöllnisches Wasser,
auch guten Wein herbei, um den Bewußtlosen damit zu
stärken.

Geschickt legten Christoph und Christiane den Verwundeten auf die Bahre, Cornelia benetzte seine Schläfe mit dem Wasser und ließ ihn daran riechen, auch flößte sie ihm etwas Wein ein.

Jetzt schlug Emil die Augen auf, er sah das schöne vom Mondlichte hell bestrahlte Gesicht, welches sich theilnehmend über ihn beugte.

„Heilige Maria!" seufzte er und schloß wieder die Augen.

Schritte und Stimmen weckten endlich Frau Haag, die noch immer auf ihrem Stuhle am Camine gesessen hatte, aus ihren Träumen.

Sie nahm eine Kerze und trat in das Vorgemach, ihr erster Blick fiel auf Emil.

Christoph erzählte seiner Herrin mit wenig Worten Alles und fügte hinzu: „Gnädige Frau haben mir freilich streng verboten, irgend eine Person in das Schloß zu lassen, außer den Herren Eisenmann und dem Arzte, allein in diesem Falle dachte ich —"

„Sie haben Recht gethan, Christoph; diesen jungen Mann liegen zu lassen, wäre unmenschlich gewesen. Er soll in das grüne Zimmer gebracht werden. Sie verstehen ja genug von Dergleichen, um den Verwundeten behandeln zu können; sollte ein Arzt nöthig sein, so müssen wir morgen nach einem schicken. Sie kommen später zu mir und berichten über den Kranken."

Nach diesen Worten ging sie in ihr Zimmer zurück und nahm auch Cornelia mit sich.

Nach einer Viertelstunde trat Christoph wieder zu seiner
Gebieterin ein.

„Nun, wie geht es Ihrem Patienten?"

„Gnädige Frau, ich habe ihn ganz richtig verbunden,
wie es sich gehört; mit der Wunde wird es nicht viel auf
sich haben, aber mit dem Kopfe sieht es übel aus. Ruhe
wird wohl das Beste sein und mit kalten Umschlägen muß
fortgefahren werden. Christiane will die Nacht bei ihm
wachen."

„Die arme, alte Person; könnte ich das nicht, Groß=
mama?"

„Du, ein junges Mädchen, bei einem jungen Manne?
Das paßt nicht!"

„Aber, Großmama, die barmherzigen Schwestern gehen
zu allen Kranken, in Hospitäler — "

„Ich will es nicht, das sei Dir genug!"

Cornelia schwieg, sie war daran gewöhnt, der Groß=
mutter zu gehorchen, desto lebhafter dachte sie an den jungen
Mann, dessen blasse Züge einen tiefen Eindruck auf sie
hervorgebracht, dessen Zustand ihr innigstes Mitleid erregt
hatte.

Während sie, auf Befehl der alten Dame, wie gewöhn=
lich für das einfache Abendessen sorgte, mit liebenswürdiger
Geschäftigkeit den Tisch deckte, frisches Holz in den Camin
legte, winkte Frau Haag Christoph in das Nebenzimmer
und ließ sich von ihm über seine Besorgungen Rechenschaft
ablegen.

„Es ist ein Glück, Christoph, daß bei Ihnen nicht viel

Geld vermuthet wurde, sonst hätten Sie das Schicksal des
Fremden haben können!" sprach sie und sah den treuen
Diener wohlwollend an.

„Ich bin vorsichtig, gnädige Frau, und lasse mir nie=
mals merken, daß ich Geld bei mir habe, auch zieht meine
einfache Kleidung nicht die Augen der Diebe auf sich, und
wegen Büchern, Thee und andern Damenbedarf wird sich
kein Räuber mit mir einlassen. Der Fremde dagegen hat
wahrscheinlich viel Geld bei sich gehabt, sein Hemd ist von
ächtem Battist und der Ring mit dem ausgezeichnet gut
geschnittenen Wappen, den er an seiner rechten Hand trägt,
deutet an, daß der Herr einer vornehmen Familie angehört."

„Möglich! Schweigen Sie darüber gegen Jeden,
Christoph. Hoffentlich wird sich der junge Mann in wenig
Tagen erholt haben und es wird für uns Alle sein, als
sei er niemals dagewesen."

Läuten am Thor unterbrach die Rede der Dame, Chri=
stoph ging, um nachzusehen, wer noch so spät einspreche und
kehrte bald mit der Meldung zurück, daß der Oberförster
Eisenmann mit seinem Sohne gekommen sei, der Frau Haag
einen Besuch zu machen.

Frau Haag empfing die beiden Herren mit gewohnter
Güte und fügte scherzend die Frage bei, was denn die
Herren zu solch spätem Besuche veranlaßt habe.

„Es ist wahr, verehrte Frau," sagte der Oberförster,
„ich komme wie Nicodemus und habe um Entschuldigung
zu bitten; aber der junge Brausekopf hier wollte nicht ruhig
daheim bleiben, und ich bin ein schwacher Vater gegen

diesen Burschen, ist er doch mein einziger Sohn und brav
durch und durch!" und der alte Forstmann warf einen
zärtlichen Blick auf den jungen Mann, aus dessen offenem
Gesicht die Redlichkeit herausschaute, auch verdiente er den
Namen, mit welchem ihn mancher hübsche Mädchenmund
nannte, der schöne Franz.

Jetzt trat Cornelia ein und begrüßte die Gäste, sorglich
legte sie noch zwei Couverte auf, aber den hellen Freuden-
schimmer, welcher bei ihrem Anblicke Franzens Züge belebte,
schien sie nicht zu bemerken, eben so wenig die Hand zu sehen,
welche ihr der junge Mann zur Begrüßung reichen wollte.

Franz wurde blaß, aber er machte keine Bemerkung;
der Oberförster jedoch schien sich durch Cornelias ernstes
Benehmen nicht im Geringsten stören zu lassen, mit froher
Stimme rief er aus: „Nun, meine Damen, will ich mit
meiner angenehmen Nachricht nicht länger hinter dem Berge
halten, diesen Nachmittag ist einer meiner liebsten Wünsche
erfüllt worden. Die landesherrliche Bestätigung auf meine
Supplik ist gekommen, mein Sohn ist von heute an mein
Substitut und, sobald ich mich ganz zur Ruhe setze, mein
Nachfolger. Ich denke ihm das schöne Amthaus einzuräu-
men und ziehe mit meiner alten Schwester in das Haus,
was ich von meiner guten, seligen Frau geerbt habe."

Die alte Dame wünschte ihren Freunden herzlich Glück,
der junge Mann zog die Hand, welche sie ihm reichte, ehrerbietig an seine Lippen.

„Und Sie sagen kein Wort, Fräulein Cornelia? Ei,
ei, schenken Sie meinem Franz so wenig Theilnahme?"

„Sie irren, Herr Oberförster, das wohlverdiente Glück meines einzigen Jugendfreundes freut mich herzlich," erwiderte Cornelia.

„Morgen wollen wir nach der Stadt, meine alte Charlotte, Franz und ich, da soll eingekauft werden, damit es für den künftigen Herrn Oberförster an nichts fehle, denn ich nehme alle die alten Sachen mit in meine neue Wohnung, kann mich von keinem Stücke trennen, welches ich mit meiner Frau gemeinschaftlich besessen habe. Junge Leute jedoch müssen neue Sachen haben, nicht wahr, Cornelchen? Dann kommen Sie und besehen das Haus, und gewiß werden Sie sagen, daß es so ist, daß mein Franz schon eine schmucke Frau hineinführen kann."

Cornelia antwortete nicht, der Oberförster nahm ihr Schweigen für jungfräuliche Schüchternheit und lachte von Herzen, als er jedoch mit seinen Anspielungen deutlicher wurde, ergriff sie eine Kerze, legte die Hand an die Stirn und verließ mit der Versicherung, daß sie vom heftigsten Kopfschmerz gepeinigt sei und Ruhe bedürfe, das Zimmer.

Franz sah ihr betrübt nach, aber er hatte keinen Grund, an ihren Worten zu zweifeln, eben so wenig wie sein Vater, welcher in seiner munteren Weise ausrief: „nun, hänge nur den Kopf nicht, Junge, am Kopfweh ist noch kein junges Mädchen gestorben, sei guten Muthes, morgen springt Cornelia wieder herum wie ein Reh. Wir aber wollen jetzt den Heimweg antreten, damit wir vor Mitternacht nach Hause kommen."

Frau Haag hatte wichtige Gründe, eine Verbindung Cornelias mit Franz zu wünschen, sie hatte mit Freude die tiefe, herzliche Neigung des Jünglings zu dem aufblühenden Mädchen bemerkt.

Franz war gut, angenehm, von gewinnendem Aeußern, er war die einzige junge Person, welche Cornelia sah, warum sollte sie mit ihm nicht gern lachen und scherzen? Warum nicht eine schwesterliche Neigung für ihn empfinden, welche Frau Haag für hinreichend zu einer glücklichen Ehe hielt, seit sie erfahren hatte, wie elend oft leidenschaftliche Liebe macht.

Cornelia hatte noch nicht ernsthaft über die Ehe nach-gedacht, die Großmutter war zufrieden mit Cornelias Freund-lichkeit gegen Franz und fragte nicht, wieviel er ihr sei, und Cornelia hatte sich bis dahin selbst noch nicht geprüft. War es doch Franz, welcher ihr die schönsten Waldblumen, die unterhaltendsten Bücher, die reizendsten Lieder zum Singen brachte. Durch ihn allein kam Abwechslung in ihr klöster-liches Leben, die Großmama liebte ihn als sei er ihr Enkel; und wie lustig konnte Franz nicht sein, wie gut tanzte er. Freilich bestand der Ball, den das junge Paar sich ver-anstaltete, nur aus einem Tänzerpaare, Franz und Cornelia, aber der alte Christoph spielte noch immer, und mit Ver-gnügen, einige Tänze leiblich auf seiner Violine und der Salon im Jagdschloß war groß und glatt gebahnt, man flog nur so dahin.

Als Franz achtzehn Jahre und Cornelia zwölf gewesen waren, hatte er sie seine kleine Braut genannt und sie hatte nichts dagegen gesagt und einen schönen Myrthenbaum zum Geburtstagsgeschenk von ihm angenommen.

Erst in der letzteren Zeit hatte sich Cornelia zuweilen in die Ferne gesehnt, dunkel empfunden, daß es wohl ein höheres Glück geben müsse, als an der Seite eines guten, aber keinesweges leidenschaftlich geliebten Mannes in dem stillen Forsthause ihr Leben dahin zu vegetiren.

An jenem Abende, an welchem Emil in das Haus getragen wurde, hatte sie zum Erstenmale ihren Gedanken Worte gegeben, an jenem Abende hatte der Anblick des Verwundeten, seine Rede an sie, eine Welt voll Träume in ihrem Herzen wach gerufen und zugleich eine Kälte gegen Franz, deren ihr gutes Herz sich schämte.

Frau Haag erwähnte am anderen Morgen mit keiner Sylbe des Gastes gegen Cornelia, die Dienerschaft hatte ihre Weisung schon. Später äußerte sie, daß es ihr leid sei, dem Oberförster nicht einige Aufträge gegeben zu haben, da derselbe nach der nahen Stadt reise; und endlich kam sie dahin, zu erklären, es sei wohl das Klügste, wenn sie zusammen auf dem nahen Waldpfade zum Oberforstmeister gingen, er wolle erst Nachmittags reisen, also würden sie ihn noch treffen.

Cornelia machte keine Einwendungen, aber im Stillen wunderte sie sich sehr über die ungewohnte Beweglichkeit der Großmutter.

„Und wie geht es unserm Kranken?" wagte sie jetzt zu fragen.

„Ah, das hätte ich bald vergessen!" antwortete die alte

Dame und verbarg ihr Erröthen, indem sie sich dem Fenster
zuwandte, „diesen Morgen in der Frühe sind zwei junge
Männer, Studenten, gekommen und haben sich nach ihm
erkundigt. Sie haben gestern den Kameraden vor einem
Waldspaziergang bei nächtlicher Zeit gewarnt gehabt, er hat
aber durchaus den Eichentempel sehen wollen und ist doch
gegangen, wie nun eben junge, leichtsinnige Menschen sind.
Da er nicht zurückgekehrt ist, sind sie in Besorgniß gerathen
und haben ihn lange vergebens und endlich hier gesucht.
Mit seiner Verwundung ist es nicht so schlimm gewesen,
seine Freunde haben also den jungen Mann mit sich ge=
nommen.“

Was konnte Cornelia dagegen sagen? Obgleich ihr diese
Erzählung etwas unwahrscheinlich erschien, so war es doch
nicht unmöglich, daß sich Alles so verhielt, wie die Groß=
mama sagte, auch war diese nicht eine Frau, welche es
duldete, daß man ihre Worte in Zweifel zog.

Gern hätte sie noch Christoph nach dem Fremden gefragt,
aber er war nicht zu sehen. Während des Frühstückes,
welches Christiane auftrug, verließ die Großmutter das
Zimmer nicht, später legte die alte Dame Hut und Pelz
an, Christiane brachte auf einen Wink der Herrin auch dem
Fräulein warme Ueberkleider, und von Diana begleitet ver=
ließen beide Damen das Jagdschloß.

Wenige Menschen waren wohl im täglichen Umgange
von so hoher, unveränderter Liebenswürdigkeit wie Frau
Haag. Niemals war sie um Stoff zu einer interessanten
Unterhaltung verlegen. Heute war sie besonders gesprächig,

sie erzählte von dem glücklichen Eheleben, welches der Oberförster geführt haben sollte, von den guten Aussichten seines
Sohnes, der seiner Bildung nach nicht auf das Land passe
und ihrem Rathe nach später um Versetzung nach der Residenz nachsuchen solle, und wenn Cornelia nicht ein ganz
verschlossenes Wesen war, welches die Großmutter vollständig
zu täuschen verstand, so hatte Frau Haag größtentheils ihren
Zweck erreicht, Cornelia dachte nicht mehr ausschließlich an
den Fremden.

Frau Haag ließ gern Jedem seinen Willen; aber sie
verstand es auch, die Menschen, ohne daß sie es selbst
merkten, zu leiten. Im Forsthause wurden sie mit großer
Freude empfangen, Fräulein Charlotte Eisenmann freute sich
sehr, daß Frau Haag, im Vertrauen auf Charlottchens
guten Geschmack, sie ersuchte, ihr Kleiderstoffe einzukaufen,
dann hatte die kluge Dame eine Unterredung unter vier
Augen mit dem Oberförster.

„Sie sehen selbst, lieber Freund, daß es so am Besten
ist," schloß sie endlich. Der junge Mann kann sich noch
nicht regen und hat Fieber, ich habe also nach dem Doctor
Hirt gesandt, auf dessen Einsicht und Geschicklichkeit ich bauen
kann, wie auf seine Verschwiegenheit. Würde die Geschichte
bekannt, so würde man den armen Kranken, meinen Christoph,
ja am Ende noch mich alte Frau mit Verhören belästigen.
Der junge Mann kann sich noch nicht einmal auf etwas
besinnen, Cornelia hat sein Zimmer nicht betreten, sie glaubt,
er sei diesen Morgen abgereist, behalte ich sie jetzt, wo ich
doch den Kranken nicht, ohne Sünde zu thun, aus dem

Hause weisen kann bei mir; so gibt es allerhand einfältiges
Geschwätz, denn Niemand lästert und verläumdet schlimmer
als das Dorfpublicum. Also ist es am Besten, Sie nehmen
Cornelia mit, und verstehen schon, was die Einwendungen
meiner Seits zu bedeuten haben werden, denn machte ich sie
nicht, dächte das wunderliche Kind, ich liebte es nicht so
warm wie bisher. Uebrigens wollen wir auch in Bezug
auf den Fremden weder zu Franz noch zu Cornelia sprechen,
denn junge Leutchen plaudern gern.

Der Oberförster fand die Ansichten der verehrten Frau
Haag, wie immer, sehr richtig. Er freute sich nun doppelt
auf die Reise und rief, nachdem er am Frühstückstische neben
Frau Haag Platz genommen hatte, „wie wäre es, liebes
Cornelchen, wenn Sie mit nach der Stadt reisten? Sie
haben noch im Leben keine Stadt gesehn, Theater ist jetzt
auch da, ich glaube gar ein Devrient gastirt; bitte, verehrte
Freundin, erlauben Sie, daß Cornelia uns begleite, meine
Schwester wird sie schon unter ihre Flügel nehmen.“

„Ich weiß nicht, ob das nicht wider mein Versprechen
läuft, Cornelia soll in der Einsamkeit bleiben bis —“

„Bis sie Braut ist, recht schön; aber als solche haben
wir Alle sie doch nun anzusehen, und wenn auch nicht,
jeden Falls sollte das arme Mädchen doch etwas von der
Welt sehen!“

„Nun denn, wenn Cornelia es selbst wünscht!“ —

Cornelia erröthete, die verschiedenartigsten Empfindungen
und Gedanken wogten in ihr auf und ab. Sie freute sich
auf die Aussicht, die Stadt zu sehen und zum Erstenmale

im Leben ein Schauspiel, sie bebte zurück vor dem Gedanken,
Franzens Braut werden zu müssen, und hatte doch weder
den Muth noch die Herzenskälte, um dem treuen, guten
Jugendfreunde zu sagen, daß sie zur Erkenntniß gekommen
sei, daß sie ihn nicht liebe, wie er geliebt zu werden glaube
und auch verdiene. Und die Stadt, nach welcher sie reisen
sollte, war eine Universitätsstadt, und vielleicht sah sie ihn
dort wieder, noch einmal im Leben!

„Wenn Du es erlaubst, Großmama," sagte sie nach
einer langen Pause, und die Großmama lächelte und erlaubte, daß sie einige Tage in der Stadt zubringen dürfe.

Cornelia fuhr mit der Eisenmannschen Familie nach der
Stadt, Frau Haag kehrte in Begleitung eines Forstgehülfen
nach dem Jagdschlosse zurück, ohne ihren Begleiter einzula-
den, bei ihr einzutreten.

Als die Dame auf den Vorsaal trat, kam ihr Christiane
mit bestürzter Miene entgegen, denn obgleich taub, oder
gerade deßhalb, verstand sie in den Zügen ihrer Haus-
genossen zu lesen und achtete auf Zeichen und Winke.

Der Arzt war noch bei Emil und machte die Mittheilung,
daß der Kranke allerdings von seiner Stichwunde bald geheilt sein, aber in Folge des Schreckens und des heftigen
Angriffes das Nervenfieber bekommen würde und die größte
Ruhe und die sorgfältigste Pflege bedürfe. Er versprach,
selbst das Recept nach der Apotheke zu besorgen und durch
den Wundarzt des Fleckens herzuschicken, welcher im Jagdschlosse bleiben müsse, denn es würde wahrscheinlich das
hitzige Nervenfieber werden.

Alle gute Menschen gewinnen die Person lieb, welche sie zu pflegen haben, besonders die Frauen, und obgleich den Tag vorher Emil's Anwesenheit der Frau Haag sehr unerwünscht war, jetzt war er sehr krank, ohne ihre Hülfe vielleicht verloren, also ihr interessant und werth geworden.

Jahre lang hatte Frau Haag nur für sich und Cornelia gelebt, jetzt mußte sie für einen Fremden thätig sein, und da sie ungeachtet ihrer Jahre noch geistesfrisch und gesund war, so pflegte sie den jungen Mann mit aller Energie und Treue ihres Wesens.

Als Doktor Hirt der würdigen Matrone am dreizehnten Tage versicherte, jetzt sei für ihren Pflegling die Gefahr größtentheils vorüber und bei sorgfältiger Pflege würde er sich mit Hülfe seiner Jugendkraft bald erholen, brach Frau Haag in einen Strom von Freudenthränen aus.

Nach und nach erfüllte sich die Prophezeihung des Arztes, eines Morgens als Frau Haag an seinem Bett saß, richtete sich Emil auf, blickte sich hell um, fragte mit matter Stimme: „wo bin ich? Wem habe ich für die viele, gütige Pflege zu danken?"

„Ruhig, mein junger Herr," sagte lächelnd Frau Haag, „freuen Sie sich, daß Sie auf dem Wege der Genesung sind, mehr haben Sie jetzt nichts zu thun!"

„Aber sagen Sie mir wenigstens —"

„Nichts, nichts! Trinken sie diesen Trank und schlafen Sie wieder, oder, wenn Sie vielleicht um die Ihrigen in Sorge sind, so sagen Sie mir, ob ich schreiben soll, vielleicht haben Sie einen Vater, der Ihretwegen in Sorge ist —"

Ein schmerzliches Lächeln zuckte um Emils Antwort, mit zitternder Stimme entgegnete er: „ich habe meinem theuern Vater schon vor zwei Jahren das letzte Geleite gegeben!"

Thränen glänzten in seinen Augen, die alte Dame legte sanft ihre feine Hand auf seinen Kopf und bat, „ruhig, ruhig, mein Freund. Ich habe Sie treu gepflegt, und wollen Sie mir danken, so schonen Sie sich, daß ich bald die Freude haben kann, Sie gesund zu sehen?"

Emil gehorchte, er verhielt sich noch einige Tage ganz passiv, bis der Arzt ihm Erlaubniß gab, zu reden; aber dann fragte er auch lebhaft den alten Christoph nach Allem, was sich mit ihm begeben hatte, und dessen Antworten riefen ihm den Aufenthalt im Adler und jedes Wort was er dort gehört hatte, in das Gedächtniß zurück. Um aber nach der Dame zu fragen, wegen welcher er die nächtliche Wanderung angetreten hatte, die ihm so üble Folgen zugezogen hatte, sagte er zu Christoph: „ich bin Ihnen lebenslänglichen Dank schuldig, und werde Ihre That niemals vergessen, barmherziger Samariter?"

„Ei mein junger Herr, ich eilte Ihnen gern zu Hülfe und glaube, Sie würden auch keinen Verwundeten kaltherzig am Wege liegen lassen!"

„Natürlich nicht; o, und wie dankbar bin ich der Frau vom Hause, wie viel hat diese würdige Dame dem Fremdling gethan!"

„Seien Sie überzeugt, das ist von Frau Haag gern geschehen?"

„Frau Haag, wird also die Dame genannt? Ich hätte sie für eine Edelfrau gehalten!"

„Eine edle Frau ist sie gewiß, ja, sie hat so recht die Art einer vornehmen Dame, während manche Gräfin wie eine Frau aus der geringsten Classe aussieht, ungeachtet des schönsten Putzes, aber wie schon gesagt, sie heißt Frau Haag, und nicht anders, und den Abel, d. h. die Junker und adeligen Damen haßt sie, und zwar mit gutem Grund!"

„Lieber Mann, ich möchte die gütige Dame nicht unwissentlich verletzen, darum bitte ich Sie, mir zu sagen, ob Frau Haag Wittwe ist, Kinder hat, ob —"

„Sachte, sachte junger Herr, ein treuer Diener läßt sich nicht ausfragen, nun, sehen Sie nur nicht mürrisch aus, es ist nicht so böse gemeint; ich weiß wohl, warum Sie Alles wissen wollen, und kann schon antworten. Frau Haag ist Wittwe, ihre einzige Tochter gestorben, draußen in der Welt hat sie weder Verwandte noch Freunde mehr am Leben, und deßhalb verweilt sie am liebsten hier, und will hier ihr Leben beschließen."

„Und wer, sagen Sie es mir, wer war die bezaubernde Erscheinung, die ich im Walde hatte, unweit des Schlosses? ein Engelsantlitz beugte sich über mich, eine holde Stimme beklagte mich —"

„Hahaha, junger Herr, Fantasie! Alles Einbildung eines jungen Kopfes, die alte Christiane und ich haben Sie in das Schloß getragen und ich glaube, diese ist selbst in ihrer Jugend für keinen Engel oder sonst ein schönes Wesen gehalten worden!"

„Schade," dachte Emil, „also Alles nur Einbildung?
Der Mann lügt sicher nicht, und viel eher haben die Leute
in dem Wirthshause Unsinn geschwatzt, als dieser ehrliche,
alte Bursche. Wenn aber in Wahrheit ein solches Wesen
lebte, o, bis an den Nordpol wollte ich pilgern, um es
zu finden!"

Mancher andere junge Mann würde Emils Gedanken
belächelt haben, wenn er sie gewußt hätte, allein nicht nur
Naturgabe und Erziehung, auch Verhältnisse, bestimmen die
Denk- und Empfindungsweise eines Menschen. Wer sich
seine Stellung im Leben mühsam erringen muß, wird
schwerlich längere Zeit einem Traumbilde nachhängen, wer
aber von Ueberfluß umgeben aufgewachsen ist, der wünscht
und sucht sich ein Glück, wie es nur wenigen Sterblichen
gegönnt ist.

Seit sich Emil von Tag zu Tag wohler fühlte, besuchte
ihn auch Frau Haag täglich auf längere Zeit und suchte
ihm auf liebenswürdige Weise die Zeit zu verkürzen. Sie las
ihm vor, erzählte ihm in ihrer anmuthigen Art kleine Ge-
schichten, brachte ihm Kupferstichsammlungen, an denen es
im Schloße nicht fehlte, und die schönsten Blumen, welche
die alte Dame selbst zog, wanderten aus dem Gemache derselben in das Krankenzimmer.

Frau Haag, hatte, ehe sie sich in ihre selbstgewählte
Waldeinsamkeit zurückgezogen hatte, viel in der großen
Welt gelebt, und ihre Verhältnisse hatten es mit sich gebracht,
daß sie oft und längere Zeit mit geistreichen, bedeutenden
Persönlichkeiten verkehrt hatte. Sie besaß mehr Geist,

Talente und Kenntnisse als die meisten Frauen, und ihre
gute Erziehung, Alter nnd Lebenserfahrung machten, daß
sie dieselben nicht auf unangenehme Weise zeigte. Sie unter-
hielt und belehrte, ohne es selbst zu wissen, der feinste Ton
war ihr zur andern Natur geworden, sie sprach, selbst wenn
sie heftig wurde, nie anders als in einfachen aber gewählten
Worten und setzte sich, auch wenn sie allein war, nicht
minder zierlich nieder, als sie es in der großen Gesellschaft
gethan haben würde.

Wenn nun diese Art und Weise der Frau Haag auf
Emil den wohlthuendsten Eindruck hervorbrachte, so sprach
ebenfalls das Benehmen Emils die Matrone lebhaft an.
Es war ihr ein langentbehrter Genuß wieder einmal mit
einem künstlerisch fühlenden Manne ihre Gedanken aus-
tauschen zu können und sie empfand für ihn eine herzliche,
mütterliche Liebe, welche an Wärme zunahm, sobald sie sich
überzeugt hatte, daß er sie aufrichtig liebe und ehre.

Schon in den ersten Tagen seiner Besserung hatte er
sich ihr als Emil Hochberg aus Wien vorgestellt; später
als Frau Haag sein richtiges Urtheil über die Kupferstiche
bewunderte, indem sie sagte: dieselben Bemerkungen habe ich
in Rom von einem großen Maler gehört, wenn auch mit andern
Worten, entgegnete Emil; „ich bin ein Maler, Landschaftsmaler, und meine Liebe zu romantischen Gegenden hat
mich hierhergelockt.“

„Werden Sie durch Ihre Krankheit viel versäumen, ist
Ihnen eine bedeutende Summe geraubt worden?“ fragte
Frau Haag ein anderes Mal.

„Nein, auch hat mein Vater mir ein kleines aber hin-
reichendes Vermögen hinterlassen, ich bin nicht auf den Er-
trag meiner Arbeiten angewiesen."

„Das ist ein großes Glück, mein junger Freund."

„Gewiß, ich erkenne es mit Dank gegen Gott!"

So ging denn ein Tag nach dem andern hin, an
jedem Tag fühlte sich Emil kräftiger, er wandelte schon,
ohne Christophs Hülfe zu bedürfen, im Zimmer umher und
fing an von seiner baldigen Abreise zu sprechen, von welcher aber weder Frau Haag noch Doktor Hirt etwas hören
wollten, denn heftige Novemberstürme umtobten das Jagdschloß, und bei diesem Wetter zu reisen, wäre höchst Ge-
fahrbringend für den kaum Genesenen gewesen.

Frau Haag schrieb deßhalb an den Oberförster und an
Cornelie, sie sprach den Wunsch aus, daß ihre Enkelin noch
einige Zeit unter dem Schutze von Fräulein Charlotte Eisenmann bleiben möge, und empfahl ihrer Enkelin, die Zeit
zu benutzen, um sich in der Stadt unter der Leitung tüchtiger Lehrer im Gesange und im Zeichnen zu vervoll-
kommnen.

Cornelia, so sehr sie ihre Großmama liebte, freute sich
dieser Erlaubniß, besonders weil sie ihr Gelegenheit gab
ihre Talente auszubilden und — was sie sich wohl selbst
kaum gestand — um vielleicht den Mann wieder zu sehen,
der, ohne ihren Willen und ohne sein Wissen in ihr inneres
Leben getreten war.

Frau Haag hatte sich immer einen Sohn gewünscht, es
ist dieß ein Wunsch, welchen geistreiche Frauen häufig haben.

Sie lieben es, sich mit Männern zu unterhalten und das Gespräch einer Mutter mit einem begabten, gutartigen, zärtlichen Sohne, hat für diese einen besonderen Reiz.

Emil dagegen hatte früh erkennen gelernt, daß seine Mutter im Grunde Niemanden liebte als sich selbst. Sie verzärtelte ihn als Kind und durchkreuzte doch oft seine liebsten Pläne, wenn sie nicht mit ihren Wünschen und Ansichten übereinstimmten, und seine Liebe zur Kunst, sein Talent zur Malerei, war fast täglich der Gegenstand ihres Spottes. Seinen Vater hatte er zu früh verloren, gerade in dem Alter, wo der Jüngling den väterlichen Freund braucht, seinen einzigen liebsten Jugendfreund mußte er in die Ferne ziehen sehen, ohne ihm folgen zu können, unter den jungen Mädchen, die er kennen gelernt hatte, war ihm keines so anziehend erschienen, daß er sich nur eines davon zur Schwester oder Freundin gewünscht hätte.

So lebte er viel für sich, seinen Studien und der Natur, für deren Schönheiten er sehr empfänglich war, aber nicht so heiter, wie er hätte wohl sein können, wenn er eine Seele geliebt, von einem treuen Herzen aufrichtig wieder geliebt worden wäre.

Hier in dem stillen Waldschlosse begegnete er nun zum Erstenmale in seinem Leben einer Frau, die ihn geistig beschäftigte, mütterlich liebte und ihm eine angenehme Häuslichkeit schuf.

Wie jung war das Herz der Matrone noch, wie so ganz verstand sie seine geheimsten Regungen, wie anmuthig wußte sie aus früheren Zeiten zu erzählen, niemals nahm

sie einen Scherz übel auf, stets gab sie ihn mit Grazie
zurück.

Zuweilen schalt sie ihn mütterlich aus, wenn er beim
Zeichnen zu eifrig saß, denn er hatte sich Materialien aus
der Stadt bringen lassen, und er versicherte ihr, er sei völlig
gesund genug dazu. Auch seine Lieblingsgerichte fragte sie
ihn ab und hatte ihre Freude daran, wenn er sich Dieses
oder Jenes für den Mittag bei ihr ausbat.

Eines Morgens war Emil früher als gewöhnlich er-
wacht, er wußte, daß die alte Dame vor zehn Uhr nur für
Christianen sichtbar war. Er hatte weder Lust zum Lesen
noch zum Zeichnen und kam auf den Einfall das Schloß
zu durchwandeln, ohnehin kannte er von demselben nichts
als sein Zimmer und den langen gewölbten Gang, welcher
zu dem Zimmer der Frau Haag führte.

Er stieg einige Stufen hinab, und befand sich vor
einer Flügelthüre, welche sich durch einen Druck auf das
Schloß öffnete.

Emil stand in einer geräumigen Halle, welche mit
Hirschgeweihen und großen Oelgemälden, welche Jagdscenen
darstellten, ausgeschmückt war. Eine lange eichene Tafel,
hohe Sessel von demselben Holze und ein großer Schenk-
tisch in einer Ecke, verriethen, daß dieses Gemach zum
Speisesaal gedient habe.

Neben demselben befand sich ein anderes Zimmer. Die
Halle hatte etwas düsteres und Emil verließ sie bald wieder,
links von der Thüre eine Wendeltreppe hinaufsteigend, die
auf einen kleinen Vorsaal führte. Er öffnete die mittelste

Thüre und stand in einem Saale, der noch immer einen prächtigen Anblick bot, aber Emil hielt sich nicht lange auf, er hatte auf seiner Reise königliche und kaiserliche Schlösser in Menge gesehen. Er schaute in das anstoßende Gemach, es war klein, aber die Aussicht auf den Wald und ferne Berge selbst im Winter schön. Der zierliche Nähtisch mit eingelegtem Holze und Perlmutter, eine Harfe in der Ecke, aber eine nach alter Art, einige Blumenvasen verriethen, daß früher eine Dame in diesem Zimmer gewohnt haben mußte. Er setzte sich in den mit blauem Damast überzogenen Lehnstuhl, zog die Fächer des Nähtisches auf und betrachtete mit wehmüthigen Gefühlen die wenigen Röllchen verblichener Seide, welche er vorfand. Auch ein kleiner Fingerhut von Gold lag dabei. Er steckte ihn an seinen kleinen Finger und sprach seufzend: „also ein solches Stück lebt länger als der Mensch, wo liegt vielleicht der Staub von der Hand, welche diesen Fingerhut benützte, wenn sie mit der Seide, von welcher ich hier verblaßte Ueberreste sehe, Liebespfänder für einen geliebten Menschen arbeitete."

Melancholisch erhob er sich, Emil war noch nervös und brauchte heitere Umgebungen.

Rasch ging er durch den Prachtsaal in das Zimmer, welches auf der rechten Seite an denselben stieß. Es war nicht größer als das Gemach der Dame, ein Schreibtisch und eine Jagdflinte zeigte, daß ein Mann dasselbe bewohnt hatte, vielleicht der Gemahl jener Dame.

Ein Sonnenstrahl fiel jetzt auf die Wand und verklärte

das lebensgroße Porträt einer jungen Frau, das von Meisterhand gemalt, auf ihn herabſah.

Der Anzug der Dame, koſtbar und maleriſch zugleich erinnerte an die Mode der achtziger Jahre des vorigen Jahrhunderts, aber die reichen hellblonden Locken waren nicht von Puder entſtellt, ſondern umflatterten kunſtlos das liebliche Antlitz.

Lange betrachtete es Emil, mit der dreifachen Verwunderung, des jungen Mannes, des Poeten, des Malers. Er ſann nach, wo er dieſes Gemälde oder ein ähnliches ſchon geſehen habe, aber ſein Gedächtniß ſagte ihm nichts Beſtimmtes darüber, nur bekannt kam es ihm vor. Die Augen beſonders bezauberten ihn, ha, hatte nicht jene holde Erſcheinung, welche neben ihm hergegangen war, als man ihn in das Schloß trug, dieſelben Augen, genau den Blick?

War ſie nur ein Traumbild geweſen?

Lange mit einer Art von Andacht betrachtete Emil das Bild, wenn er Porträtmaler geweſen wäre, würde er ſich bei Frau Haag ausgebeten haben, es copiren zu dürfen.

Die anderen Gemächer enthielten nichts Sehenswerthes, zuletzt kam er an eine Thüre, welche verſchloſſen war. Emil rüttelte am Schloſſe, es gab nach und er befand ſich in einem Gemache, welches wohl ſeit einer langen Reihe von Jahren nicht gelüftet worden war, denn eine Art von Modergeruch kam ihm entgegen.

Ein großes Bett mit dunkelrothem Kiſſen befand ſich in größter Unordnung, ein ſilberner Leuchter und ein kurzer

Dolch lagen in einer Ecke auf dem Fußboben, der einige Blutflecke zeigte.

Auch eine aufgeschlagene Bibel auf dem Tischchen am Bette und ein Spiegel, der einen Sprung hatte, fiel ihm auf. Es war unheimlich in dem Gemache, Emil verließ es schnell und war froh, als er die Thüre hinter sich geschlossen hatte.

Eine wahre Freude zog in seine Seele ein, als er sich in dem durchwärmten, freundlichen Zimmer der Frau Haag befand.

Sie empfing ihn gütig wie immer, aber er war ganz gegen seine Gewohnheit zerstreut. Nachmittags brachte Christoph, der in Linderode gewesen war, einen Brief für Emil, der Geld enthielt.

Niedergeschlagen betrat er zur Theestunde das Gemach seiner gütigen Pflegerin und sagte ihr, daß er scheiden müsse, zu lange schon habe er ihre Gastfreundschaft in Anspruch genommen. Frau Haag hätte ihn gern zum längeren Verweilen aufgefordert, aber sie konnte nicht Cornelien noch Wochen lang in der Ferne wissen, eben so wenig die Verlobte eines Anderen mit dem jungen Künstler verkehren lassen, ohne vielleicht die Herzensruhe Beider zu gefährden. Sie erwiderte also sanft: „mein Segen wird Sie begleiten ich weiß es wohl, daß die Welt Ansprüche an einen talentvollen Mann hat."

Emil lachte, „oh, die Welt! Die kümmert sich wenig um mich! Und wie wenig lockt mich die Welt. Wie oft werde ich an dieses friedliche Asyl denken, wie schön wird es im Mai und dann wieder im Hochsommer hier sein."

„Ja, es ist schön hier, Emil!"

„Und wissen Sie, daß ich heute das Schloß beschaut habe? Ueberall war ich, nur im Keller, auf dem Boden, in der Küche nicht! Doch nein, ich sah nur einige Gemächer und das Porträt einer Dame mit blonden Locken."

Die Matrone seufzte.

„Wissen Sie, verehrte Frau, wen es vorstellt, dann sagen Sie es mir, bitte, bitte!"

Im Tone von Emils Stimme lag ein gewisses Etwas, was die alte Dame an einen Mann erinnerte, den sie in ihrer Jugend geliebt hatte, an ihre erste, einzige Liebe, und als sie jetzt sein Profil näher betrachtete, fiel ihr die Aehnlichkeit mit demselben so sehr auf, daß sie rasch fragte: „sind Sie Ihrer Mutter oder Ihrem Vater ähnlich." „Keinem," war seine Antwort. „Setzen Sie sich zu mir," sagte sie.

Viertes Kapitel.

Aus dem Leben einer Prinzessin.

„Seit Jahren," begann Frau Haag, „habe ich nicht so lebhaft an vergangene Zeiten gedacht, wie heute, und was ich Ihnen im Vertrauen auf Ihre unverbrüchliche Verschwiegenheit mittheile, möge Ihnen, mein lieber Emil, beweisen, daß ich Sie wahrhaft mütterlich liebe. Was ich Ihnen erzählen werde, kommt Ihnen vielleicht wie eine alte Sage vor, vielleicht haben Sie sogar schon von jener traurigen Begebenheit gehört, sicherlich aber nicht das Richtige, denn außer meiner Mutter wußten nur noch drei Personen die vollkommene Wahrheit,"

Nach diesen Worten erhob sich die alte Dame, schaute in das Vorgemach, in welchem sich zuweilen Christoph aufzuhalten pflegte, und als sie es leer sah, schloß sie vorsichtig die Thüre und fuhr flüsternd fort: „meine Mutter war das vierte Kind und die älteste Tochter des Herzogs v. B. Sie erhielt eine sorgfältigere Erziehung als die meisten Fürstentöchter jener Zeit, denn sie lernte nicht nur Französisch sprechen, ein wenig Laute schlagen, Trisett spielen und Menuett tanzen. Ihre Mutter, geistvoll wie die Königin Sophie Charlotte von Preußen, und eben so unterrichtet, bildete ihren Geist und ihr edles Herz auf das Schönste aus. Schon in früher Jugend wurde ihr eingeprägt, daß Seelenadel mehr sei als Geburtsadel und daß ein berühmter Mann in der Geschichte heller glänze als einer, der eben nur als Fürst, mit wenig Worten um der Vollständigkeit willen genannt werde. So kam meine Mutter auf die Idee, daß Torquato Tasso Leonore von Este zu sich erhoben haben würde, und als sie, eben zur Jungfrau erblüht, am Hofe ihrer Eltern einen höchst geistreichen, berühmten französischen Dichter kennen lernte, wandte sich ihr junges, leidenschaftliches Herz ihm mit voller Hingebung zu, aber Niemand ahnte, was in ihrer Seele vorging, denn Prinzessin Louise war gewohnt, sich zu beherrschen.

Alphonse d'Esparset war wenig Jahre älter als meine Mutter, aber er hatte bisher den größten Theil seines Lebens in Paris zugebracht, früh hatte die Göttin des

Ruhmes sein Streben bekränzt, er war viel gereist und
wußte, daß seine Liebe zu Prinzeß Louise, wenn auch die
leidenschaftlichste, zugleich vollkommen hoffnungslos war.
Dennoch konnte er es nicht über sich gewinnen, den Hof
des Herzogs von B. zu verlassen, er konnte der süßen Gewohnheit nicht entsagen, sich wenigstens täglich das Glück
zu bereiten, meine Mutter zu sehen.

Fürstentöchter werden nicht um ihre Neigungen befragt,
auch meiner Mutter wurde von ihrem Vater ziemlich kurz
angekündigt, daß sie sich in kurzer Zeit mit dem Prinzen
Friedrich von *₊* vermählen werde. Meine Mutter wurde
todtenbleich, aber sie war kein willenloses, schwaches Geschöpf,
sie besaß die ganze Willenskraft, welche die alten Herzoge
von B... Jahrhunderte hindurch ausgezeichnet hatte, und
fand Muth genug in sich, ihrem Vater zu antworten: daß
sie nicht „ja“ sagen werde, bevor sie sich den Schritt, den
sie thun solle, reiflich überlegt habe.

Der Herzog schaute sie mit finsteren Blicken an und
sagte: „Was ich Dir befehle, wird geschehen! Schmeichle
Dir nicht damit, mir Widerstand entgegen setzen zu können,
Du hast, wie ich sehe, mit dem Blute der B... auch ihre
Energie geerbt, vergiß aber nicht, daß ein starker Mann
den Willen der kräftigsten Frauenseele beugt.“

Den Tag nach jener Unterredung fand Tanz und Spiel
in den Gemächern der regierenden Herzogin statt und es
gelang Louisen den Hofmarschall zu veranlassen, daß er ihr
Herrn d'Esparset als Tänzer vorführte.

Nachdem sie einige Worte mit ihm gewechselt und ihm

ihre Bewunderung über seine letzten Gedichte kund gethan
hatte, sagte sie leise: der Herzog wünscht, daß ich mich mit dem
Prinzen Friedrich von *₊* vermähle, ich liebe den Prinzen
nicht, den ich ein Einzigesmal sah, — lieber d'Esparset, was
rathen Sie mir?"

„Ich? Wie darf ich mich unterstehen, Ihnen rathen zu
wollen, Prinzessin?"

„Können Sie, ein Dichter, eine Ehe ohne Liebe für
möglich halten? Würden Sie, ohne Herz Ihre Hand
vergeben?"

„Prinzessin, ich werde mich niemals vermählen, eben
weil ich mit meiner Hand kein Herz vergeben könnte, aber
Prinzessin, Sie können nichts Anderes thun, als sich, wie
alle Fürstentöchter, dem Befehle des Herzogs fügen!"

„Und wenn ich unglücklich, ganz unglücklich würde!"

„Das wolle Gott verhüten, theure Prinzessin. Weinen
Sie nicht, ich beschwöre Sie, man blickt nach uns, tragen
Sie, was das Schicksal Ihnen auferlegt, und denken Sie zuweilen, Louise, daß Sie nicht allein Ihr Geschick beklagen,
daß noch ein Herz schlägt, das eben so bitter leidet als Sie."

Mutteraugen sehen scharf, die Herzogin hatte mit Blicken
das Gespräch gehört, sie sorgte dafür, daß Alphonse die
Prinzessin nicht wieder sprechen konnte, bis sie dem ganzen
Hofe und allen angesehenen Fremden, welche zur großen
Cour eingeladen worden waren, als neuvermählte Prinzessin
Friedrich von *₊* vorgestellt wurde.

Als Alphonse d'Esparset meiner Mutter beim Abschiede
die Hand küßte, sprach er leise: „ich gehe jetzt nach Frank-

reich zurück, aber ich gebe die Hoffnung nicht auf, Eure Durchlaucht wieder zu sehen, sei es auch erst in Jahren. Sie gehen in ein fremdes Land, auch Fürstinnen sind Verfolgungen ausgesetzt, wenn Sie jemals eines wahrhaften Freundes bedürfen, dann Louise, erinnern Sie sich, daß der leiseste Wink mich zu Ihnen ruft, und daß mein Leben Ihnen gehört, für Sie zu sterben mein schönster Tod wäre!"

Ein Gedanke an die unglückliche Caroline Mathilde von Dänemark, welche erst vor wenig Jahren in der Gefangenschaft gestorben war, durchzuckte in diesem Augenblicke die Seele meiner Mutter, wenn man die unschulbige Königin, die Tochter des mächtigsten Königshauses durch schmähliche Intriguen in den Kerker bringen konnte, was durfte man sich nicht gegen Sie, die Tochter eines kleinen Herzogs erlauben? und doch durchbrang die Ueberzeugung, daß Alphonse ihr dann zur Seite stehen würde, sie wie ein beseligender Trost.

Doch ich will weiter geh'n, fuhr Frau Haag nach einer Pause fort, nur so viel weiß ich, daß die Ehe meiner Mutter mit dem Prinzen Friedrich äußerlich eine friedliche war.

Der Prinz selbst, jung, geistreich, unbeugsam, liebte meine Mutter mit einer tiefen, leidenschaftlichen Liebe. Wer auch sollte sie nicht lieben, war sie doch im wahren Sinne des Wortes, schön wie ein Engel. Als ich sie zum Erstenmale mit Bewußtsein sah, erschien sie mir wie ein Wesen höherer Art; eine Dame, welche sie als junges Mädchen gesehen hatte, sagte mir einst: „wenn Prinzessin Louise eintrat, war es, als würde das ganze Zimmer hell."

Sie war von mittlerer Größe, eine tadellose Gestalt, ihr regelmäßiges Antlitz von zwei wundervollen blauen Augen beleuchtet, sie hatte das zarte rosige Colorit eines Kindes und ihr reiches blondes Haar war von so großer Schönheit, daß ihr Vater es nicht erlaubte, daß sie es nach der Sitte jener Zeit gepudert und aufgesteckt trug, sie mußte es in natürlichen Locken, ohne Puder und Pomade frei herabwallen lassen.

Damals war eine Reise von Norddeutschland nach Süddeutschland ein weit größeres Unternehmen, als jetzt eine Reise nach Madrid. Meine Mutter nahm vielleicht auf immer von der Heimath Abschied, und es schmerzte sie sehr, daß ihr Gemahl schon am dritten Tage nach ihrer Ankunft in seinem Schlosse, ihre treue Kammerfrau und ihren alten Kammerdiener an den Hof des Herzogs von B.. zurückschickte. Doch ließ sie sich zu keiner Bitte herab, gewiß würde der Prinz sie ihr damals erfüllt haben, allein sie liebte ihn zu wenig und fürchtete ihn zu viel, um ihm ihre Betrübniß zu zeigen.

Nur kurze Zeit verweilte meine Mutter am Hofe ihres Schwiegervaters, dann folgte sie ihrem Gemahl, welcher General einer Großmacht war, in das Ausland.

Meine Mutter hatte die Gewohnheit, lebhaft im Traume zu sprechen, eines Tages, als das Gespräch auf Namen kam, sagte der Prinz mit einem stechenden Blicke auf sie: „Ihr Lieblingsname, Louise, ist, wie ich mit Bedauern erfahren habe, Alphonse, vermischt sich sogar in Ihre Träume."

Meine Mutter war sehr jung, wie alle großmüthigen
Naturen nicht argwöhnisch, dennoch bemerkte sie, daß sie
von Spionen umgeben war, der Prinz sah jeden Brief,
der an sie kam, ehe sie ihn selbst erhielt, er las was sie
schrieb, und mochte wohl zwischen den Zeilen finden, daß
sie dem Gemahl wohl Treue, aber keine Liebe weihte.

Einige Jahre verstrichen, meine Mutter hatte drei lieb=
liche Kinder, an welchen ihr Herz hing, und sie hatte sie
so viel und oft um sich, als man es ihr erlaubte. Prinz
Friedrich liebte die Tochter mehr als die Söhne, auf den
ältesten, den meine Mutter vielleicht etwas vorzog, war er
fast eifersüchtig, er wollte, sie sollte über Alles ihn lieben,
und fühlte doch instinktmäßig, daß sie ihn gar nicht liebte,
aber sanft, rücksichtsvoll und würdig benahm sie sich stets.

Eines Tages erzählte der Flügeladjutant des Prinzen,
daß ein italienischer Maler ihm sehr empfohlen worden sei,
vielleicht würde der Prinz die Gnade haben, sich von ihm
malen zu lassen, oder verstatten, daß die durchlauchtige Frau
Prinzessin ihm sitze.

Der Prinz entgegnete: „das Porträt meiner Gemahlin
wünschte ich in Wahrheit zu besitzen, der Maler soll mir
aber erst Proben seiner Kunst zeigen, ehe ich ihn der Ehre
würdige, die Prinzessin von ihm malen zu lassen."

Den andern Tag führte der Prinz meine Mutter in
den großen Saal ihres Palais, damit sie die Bilder,
welche der Italiener bei sich führte, sehen könne. Zwei
weibliche Porträts zogen die Prinzessin besonders an,
und sie bewunderte die Schönheit der Gesichter, sowie

die Vollkommenheit der Malerei und fragte, wen sie
vorstellten.

Der Maler verbeugte sich tief vor der Prinzessin und
erwiderte: „diese Porträts sind nur Copien von zwei hol-
beinischen Gemälden und stellen die Königinnen Anna Boleyn
und Katharine Goward vor, aber dieses Miniaturporträt
habe ich nach der Natur gemalt, die Königin Karoline
Mathilde saß mir vor ungefähr zwölf Jahren dazu, ich
copirte das Porträt, weil Einiges am Anzuge der Königin
nicht gefiel, und behielt das Original.“

„Das ist sehr verwegen!“ sprach streng der Prinz.

„Die erhabene Frau erlaubte es mir, denn, sagte sie
mit mildem Lächeln: „ich kann es ja doch nicht hindern,
daß Sie mich aus der Erinnerung malen.“

Das Gespräch war französisch geführt worden, jetzt
flüsterte die Prinzessin ihrem Gemahle in deutscher Sprache
zu, welche der Maler nicht verstand: „Ew. Durchlaucht
würden mich verbinden, wenn Sie nicht erlaubten, daß ich
diesem Maler säße, denn mir graut vor ihm, er hat bisher nur unglückliche Königinnen gemalt.“

„Sagen Sie lieber schuldige, verbrecherische!“ sagte der
Prinz, und seine Augen funkelten, „doch Ihr Wille soll
geschehen!“

Noch einige Porträts betrachteten der Prinz und die
Prinzessin, jedes war ein Meisterstück und der Prinz sagte
dem Maler, daß er ihm sitzen würde. Während derselbe
mit dem Künstler sprach, zog die Prinzessin leise einen Vor-

hang von dunkelblauer Seide von einem Porträt, unwillkührlich entschlüpfte ein leises Ah! ihren Lippen.

Dem feinen Ohre des eifersüchtigen Gemahls war es
nicht entgangen, rasch wandte er sich um und fragte, Louisen
scharf anblickend: „was überrascht Sie in solchem Grade?
Wen stellt dieses Gemälde vor?"

„Ich bewunderte die schöne Ausführung," antwortete sie
ruhig, doch vermochte sie nicht, ihrem Erröthen zu gebieten,
das verrätherisch Stirn und Wange überzog.

„Es ist das Porträt eines berühmten französischen
Dichters Alphonse d'Esparset!" erklärte der Maler, „bisher
hat noch Jeder die Aehnlichkeit überraschend gefunden, ich
habe das Bild mit besonderer Liebe gemalt, selten findet
ein Maler einen so edlen, schönen Kopf, an dem er seine
Kunst zeigen kann."

Der Prinz sagte mit spöttischem Lächeln, „ich finde zu
wenig Charakter und zu viel Geckenhaftes in diesem Gesicht,
habe aber, glaube ich, den Namen schon gehört."

„Halten zu Gnaden, Durchlaucht, dieser Dichter verweilte
längere Zeit in B. und war so glücklich, sich der Huld der
durchlauchtigen Frau Herzogin zu B . . zu erfreuen."

„Ah, dann sahen Sie wohl diesen Mann, Prinzessin,
und die Aehnlichkeit des Porträts frappirte Ew. Liebden?"

„Ich sah Herrn d'Esparset zuweilen."

„So, also Herr Alphonse ist das!"

Die Prinzessin schwieg, als der Prinz ihr jetzt den
Arm bot, sie aus dem Saale zu führen, sprach sie leise:
„ich denke, meine Abneigung diesem Manne zu sitzen war

kindisch. Ist es Ew. Liebden genehm, lassen wir Beide uns in Lebensgröße malen, für die Kinder.“

„Damit diese sehen, wie schön ihre Mutter in ihrer Jugend war, sei es denn!“ antwortete der Prinz.

Es waren die letzten freundlichen Worte, welche er zu ihr sprach.

Auf dem Wege nach ihrem Zimmer blieb er stehen, sah ihr tief in die Augen, und sagte: „Louise, täuschen Sie mich nicht, Sie haben jenen Alphonse näher gekannt, ihn geliebt, Sie interessiren sich noch für ihn!“

Meine Mutter war über diese Fragen nicht nur betroffen, sondern empört. Ein Frauenherz gesteht dem Manne, welchen es nicht liebt, wenig oder keine Rechte zu, wenn auch derselbe ihr Gemahl ist. Sie hatte auf Befehl ihres Vaters, ohne daß der Prinz sich um ihre Neigung beworben hatte, ihm die Hand geben müssen, sie hatte dem Prinzen gegenüber niemals Liebe, nur Furcht empfunden, er hatte bisher nicht das Geringste gethan, sich ihre Liebe zu erringen, er schien zu glauben, daß er, von dem Tage an, wo sie mit ihm zum Altare getreten war, Herr ihrer Person, ihrer Gedanken und Empfindungen geworden sei, und ihr weiblicher Stolz lehnte sich gegen die Ansprüche ihres Gemahls auf.

Prinzessin Louise schloß den Mund fest und antwortete nicht.

„Sie antworten mir nicht? Soll ich Sie zweimal fragen?“ sagte der Prinz mit schneidendem Tone.

„Ich sehe keinen Grund, auf wunderliche Fragen zu erwiedern," entgegnete meine Mutter. Meine fürstlichen Eltern sind doch nicht schuldig, irgend wem Rechenschaft abzulegen über die Gäste, welche sie an ihrem Hofe sahen. Die Prinzen und Prinzessinnen des Hauses B.. sprachen mit den Personen, mit welchen ihre Eltern sie reden ließen. Sprach ich Herrn d'Esparset, so wußte meine Mutter darum, und Liebe ist eine Herzenssache, um mein Herz aber, Prinz, haben Sie sich niemals gekümmert. Aber beruhigen Sie sich, ich habe gegen Sie keine Untreue begangen, und sehe jenen Mann wohl niemals wieder!"

„Das wird für Euer Liebben und jenen Herrn am Besten sein!" entgegnete der Prinz.

Den andern Tag, als sich meine Mutter in der Kirche befand, begab sich der Prinz in das Gemach derselben, er öffnete mit einem Nachschlüssel ihren Schreibtisch, bemächtigte sich ihrer Papiere, unter andern auch ihres Tagebuches, welches sie im Hause ihres Vaters begonnen und schon seit längerer Zeit nicht mehr fortgesetzt hatte. Es war in der Sprache ihrer Mutter, welche eine englische Prinzessin war, geschrieben, der Prinz Friedrich verstand nur sehr wenig englisch, allein dem Namen Alphonse d'Esparset zu begegnen, wenn auch nur auf den ersten Seiten des Manuscriptes, war für ihn genug.

Dennoch sprach er damals kein Wort darüber zu meiner Mutter, legte die Briefschaften und das Tagebuch wieder in den Schreibtisch und verdoppelte seine Wachsamkeit.

Meine Mutter saß dem Maler, ihr wohlgetroffenes lebensgroßes Porträt befindet sich jetzt in den Händen ihres ältesten Sohnes, eine Copie, die heimlich von dem Maler gemacht wurde, besitze ich. Bei diesen Sitzungen war der Prinz Friedrich stets zugegen, nur einmal gelang es der Prinzessin, den Maler zu fragen: „wie lebt Herr d'Esparset."

„In Paris, sehr einsam und thätig!" war des Malers Antwort.

„Wann sahen sie ihn zum letzten Male?"

„Vor drei Monaten!"

Das war das ganze Gespräch zwischen meiner Mutter und dem Künstler.

Nach Jahresfrist führten Geschäfte den Prinzen nach Petersburg, er nahm meine Mutter mit, und dort erkrankte sie. Sie konnte das Clima nicht ertragen und endlich rieth der Arzt ihr, einen deutschen Badeort an der französischen Grenze zu besuchen.

Der Prinz, welcher lebhaft ihre Genesung wünschte, trat diese Reise sobald es ihm möglich ward mit ihr an, und in dem reizenden B.. begegnete sie dem Manne wieder, dessen Bild immer in ihrem Herzen gelebt hatte.

D'Esparset war mit dem Herzoge von S.., der ihn Freund nannte, in B.., und da die Herzogin von S.. ebenfalls die Bäder von B.. gebrauchte, wurde d'Esparset als Freund des Herzogs dem Prinzen Friedrich und seiner Gemahlin vorgestellt.

Der Prinz erkannte d'Esparset sogleich, da er aber jedes Wort hörte, jeden Blick seiner Gemahlin bemerkte, so konnte er über ihre Unterredung mit dem ihm verhaßten Manne kein Wort des Tadels sagen. Er besaß einen mächtigen Familienstolz und fand des Herzogs von S . . Vertraulichkeit gegen einen einfachen französischen Edelmann geradezu absurd. Geist, Talent, Dichterruhm galten in den Augen des Prinzen Friedrich sehr wenig.

Eines Tages machte meine Mutter mit einer Hofdame eine Spazierfahrt, das Wetter war herrlich und die Prinzessin befahl dem Kutscher, auf der Straße nach S—burg zu, weiter zu fahren. An der Straße saß ein Mann neben einem zarten Mädchen, auf dessen blassem Gesichte der Kummer geschrieben stand. Die Hofdame ging vorüber, aber meine Mutter fragte mild, was ihm fehle und als er ihr sagte, daß ihn ein großer Geldverlust getroffen habe, der ihn um der Kinder Willen schmerze, nahm meine Mutter ihre Börse, welche zufällig diesen Tag sehr reichlich gefüllt war, und drückte sie ihm in die Hand. Ohne seinen Dank abzuwarten, sprang sie in den Wagen und fuhr davon. Ach, sie ahnte damals nicht, daß sie ihn in der schrecklichsten Stunde ihres Lebens wieder sehen würde.

Der Geburtstag von der Herzogin fiel in den nächsten Tagen und der Herzog, welcher seine Gemahlin sehr verehrte, veranstaltete ein Maskenfest im Garten, in der Art, wie er sie in Italien kennen gelernt hatte. Bei diesem schönen Feste erregten besonders drei Masken Aufmerksamkeit, ein Herr in der kleidsamen Tracht der Tempelritter und zwei Damen in altdeutscher Fräuleintracht. Beide zeigten unter ihren weißen Schleiern blonde Locken von seltener Schönheit, beide trugen Gewänder von hellblauem

Atlas, reich mit Silber gestickt. Lange zerbrachen sich die
Gäste die Köpfe, wer die zweite Dame von dem ähnlichen
Paare sei, denn eine davon war die Prinzessin Friedrich.
Hätten außer den Masken nicht auch die Schleier die
Damen verhüllt, würde man sie doch wohl haben unter-
scheiden können.

Prinz Friedrich betrachtete beide Damen mit Mißtrauen,
er vermuthete eine Intrigue, und doch war meine Mutter
vollkommen unschuldig. Eine schwatzhafte Dienerin hatte
verrathen, in welcher Maske ihre Prinzessin erscheinen würde,
und eine hübsche, kokette Dame, die Gemahlin eines englischen Lords hatte sich den Scherz gemacht, dieselbe Maske
zu wählen, um ihren eigenen Gemahl zu necken.

Als meine Mutter ermüdet, einen Augenblick in einer
Gartenlaube ausruhte, trat der Tempelritter zu ihr, was
vom Prinzen Friedrich nicht unbemerkt blieb, welcher sich
in einem Garderobezimmer eiligst in eine Pilgerkutte hüllte,
um sich ungesehen in die Nähe der Laube zu schleichen.

„Morgen verlasse ich B.., um mich einer Gesellschaft
von Naturforschern anzuschließen, welche den Orient bereisen
wollen," sagte er leise in französischer Sprache, „darf ich
hoffen, daß Ihr Segen mich begleitet, Prinzessin?"

„Gewiß, ich werde Sie in mein Gebet einschließen!
Möchten Sie bald und froh heimkehren, in Ihrem Vater-
lande ein häusliches Glück finden!"

„Wünschen Sie mir dies in Wahrheit?" sprach er mit
wehmüthigem Tone.

„Ich wünsche es aufrichtig!"

„Haben Sie Dank, Sie haben mich von meinem Wahne geheilt durchlauchtige Frau, denn da Sie das wünschen, haben Sie mich niemals geliebt, und ich war ein Thor!"

„Alphonse, wollen Sie mir absichtlich weh thun?"

„Louise, theure Louise!"

„Still, Alphonse, ich höre Geräusch, man könnte mich vermissen!"

„Und werde ich Sie vor meiner Abreise nicht noch einmal, wenn auch nur eine halbe Stunde ohne Zeugen sprechen können?"

„Ich werde Ihnen durch sichere Hand Nachricht geben, bleiben Sie morgen noch hier!" sagte meine Mutter in englischer Sprache, „ich kann Sie nicht gehen sehen, ohne wenigstens einmal aus der Fülle des Herzens zu Ihnen zu sprechen, ich werde eine ehrenwerthe Zeugin für unser Gespräch mitbringen. Leben Sie wohl für heute, Alphonse."

„Auf Wiedersehen, theuerste Louise!"

Die Prinzessin ging in den Gartensalon zurück, der Prinz folgte ihr knirschend vor Wuth, er hatte ihre letzte Rede nicht verstanden, und bildete sich ein, sie habe Alphonse mehr gesagt, als es der Fall war; obgleich gewiß meine Mutter unvorsichtig handelte, so war sie doch weit entfernt, dem Gemahle die Treue brechen zu wollen, eine Unterredung mit dem theuersten Jugendfreunde hielt sie für kein so großes, unverzeihliches Vergehen!"

Frau Haag schwieg und trocknete die Augen, Emil sagte mit tiefem Gefühl: „Wie sehr beklage ich die hohe Frau, ihr war ein schweres Loos auferlegt, und ich empfinde für diese Dame eine Theilnahme, als hätte ich Sie gekannt. Haben Sie kein Bild von ihr?"

„Sie finden es im Schlosse zu L..., ihr ältester Sohn hat es der Vergessenheit entrissen, dort hängt es neben den Porträts der andern Frauen des *⁎* Geschlechtes, welche so glücklich waren, dem Lande oder der Familie, wie man es ansehen will, Prinzen geschenkt zu haben, und sahen heute die Copie oben in dem grünen Zimmer."

„Und was war ihr ferneres Schicksal?"

Am andern Tage schrieb meine Mutter einige Zeilen an d'Esparset in englischer Sprache, sie bat ihn, gegen Abend in den Garten der Herzogin von S... zu kommen, mehr sagte sie nicht. Ihre Absicht war, zu dieser Zeit der Herzogin einen Besuch abzustatten, und in deren Gegenwart dem Jugendfreunde ihre schöne, reine Liebe als ein Gut zu offenbaren, dessen er sich nach dem Tode getrösten könne.

Meine Mutter hielt fest am Glauben jener Zeit, sie war überzeugt, daß jeder Mensch aus diesem Erdenleben Erinnerungen in das Jenseits mit sich nehme und daß Herzen, welche einander treu blieben, im Himmel vereint würden. Es war dies ein poetischer, schöner Glauben, den wir gewiß als Vater edler und großer Thaten zu betrachten haben!"

Meine Mutter legte diesen Brief in ein Buch, couvertirte und siegelte es, überschrieb es und trug ihrer treuen Kammerfrau auf, das Buch im Palais des Herzogs von S.. dem Kammerdiener des Herr d'Esparset zu übergeben, es sei ein Buch, das die Herzogin von B .., ihre Mutter, ihr für diesen Herrn gesandt habe.

Meine Mutter hatte sich niemals in Intriguen einge=lassen, welche sie nöthigten, die Hülfe ihrer Untergebenen in Anspruch zu nehmen. Deßhalb empfahl sie der Kammer=frau keine besondere Vorsicht in Bezug auf dieses Buch, aber sie gab es ihr zu einer Zeit, zu welcher der Prinz in der Regel mit seinem Flügeladjutanten spazieren zu reiten pflegte. Ein unglücklicher Zufall wollte, daß der Prinz diesen Tag zu Hause blieb, er begegnete auf dem Corridor der Kammerfrau, sah das Buch und fragte sie, wohin sie wolle. Unbefangen erzählte diese den Auftrag ihrer Gebieterin: „Ich werde das Buch durch meinen Kammerdiener absenden, gebe Sie es her! zur Prinzessin aber sagt Sie kein Wort, daß Sie mich gesehen hat, sonst wird Sie auf der Stelle entlassen! Versteht Sie mich?" herrschte der Prinz ihr zu.

Die Kammerfrau verneigte sich stumm, das vor Zorn glühende Gesicht des Prinzen sagte ihr genug, mit weib=lichem Scharfblick errieth sie, daß Eifersucht auf Herrn d'Esparset den Prinzen in solche Wuth versetzte, sie wußte, wie hart und streng derselbe sich stets gegen seine Ge=mahlin zeigte und welch ein liebenswürdiger, schöner, geist=voller Mann d'Esparset war. Sie machte sich die bitter=sten Vorwürfe über ihre Unvorsichtigkeit, und suchte sie nach Kräften dadurch gut zu machen, indem sie aus dem Hotel, das der Prinz bewohnte, heimlich fortschlüpfte und Herrn von d'Esparset aufsuchte, dem sie zum Glück be=

gegnete. Ihm erzählte sie Alles, was Sie mußte und b'Esparset war jetzt auf der Hut.

Der Prinz hatte das Palet erbrochen, die Zeilen der Prinzessin gefunden, mit Hülfe eines Wörterbuchs über=setzt. Daß sie strafbar war, glaubte er fest, gehaßt hatte er sie schon längst, mit dem furchtbaren wilden Hasse, der in egoistischen Naturen an die Stelle leidenschaftlicher Liebe tritt, wenn diese keine Erwiderung findet.

Prinz Friedrich war kein unbedeutender Charakter, er besaß Geist, Herz, aber alle seine guten Eigenschaften wur=den zu Fehlern, weil sie übertrieben waren. Er besaß Furchtlosigkeit und Muth als Knabe, aber bei dem Manne ward sie zur Tollkühnheit; er war beständig in seinen Zu=neigungen, seiner Gemahlin treu, allein er war eben so hartnäckig in seinen, oft ganz grundlosen Abneigungen. Er hatte seinem Vater erklärt, er werde sich niemals unter seinem Stande vermählen, liebe er die reizendste Jungfrau, er würde sie fliehen, wenn sie ihm nicht ebenbürtig sei, aber er lasse sich auch keine ungeliebte Prinzessin zur Gemahlin aufzwingen, wie Kaiser Joseph und Friedrich II. von Preußen. So zog er auf Brautschau, sah die junge, wunderschöne Prinzessin von B.., und seine Vermählung mit ihr war das Werk seiner Liebe. Uebersatt um ihre Liebe zu werben, hielt er es für selbstverständlich, daß das schöne Wesen ihn als Gemahl ehre, liebe, ganz ergeben sei, er war ihr Gatte, folglich glaubte er, es sei nicht nothwendig. daß er zu gewinnen suche, was er als Recht zu fordern habe, auch fühlte er sich gleich anfangs, als er ihr zärtlich

begegnete, von ihrer Kälte verletzt. Sie trug b'Esparset
im Herzen und der Prinz war ihr, was er freilich nicht
wußte, von seiner Gemahlin Vater aufgezwungen worden.
Hätte Louise dem Prinzen, wenn auch ohne Liebe, aber
doch mit freiem Herzen die Hand gereicht, so würde sich
das Verhältniß zwischen den beiden Ehegatten wohl freund=
licher gestaltet haben, denn Prinz Friedrich war durch Liebe
zu leiten, und meine arme Mutter liebte ihn gar nicht.

Schon seit längerer Zeit hatte sich des Prinzen Liebe
in Groll verwandelt, hatte er gewünscht, wieder frei zu
sein, allein er wollte keine Scheidung. Er war von Natur
rasch, gewaltthätig, es widerstrebte ihn, sich in einen Jahre
langen Scheidungsprozeß einzulassen, auch hatte ihm seine
Gemahlin keinen rechtsgültigen Grund zu einer Klage ge=
geben. Jetzt hätte er freilich das Billet an b'Esparset,
ihr Gespräch mit diesem Manne als Grund angeben
können, ein tüchtiger Advokat konnte wohl Etwas daraus
machen, allein sein Stolz verbot ihm eine solche Handlungs=
weise. Er, Prinz Friedrich von *.*, aus einem der
ältesten, tapfersten Fürstenhäuser Deutschlands, sollte öffent=
lich eingestehen, daß er in seiner Ehre von einem franzö=
sischen Edelmanne gekränkt worden sei? Um keinen Preis
durfte das bekannt werden. Sein Plan war schnell ge=
macht', als beleidigter Ehegatte war er in seinem vollem
Rechte, wenn er selbst Justiz ausübte.

Ohne lang zu überlegen, trat er in das Zimmer seiner
Gemahlin, hieß ihr, sich niederzulegen und für krank aus=
zugeben, dann schloß er sie ein und ging fort, im Hause

verbreitete er die Kunde, die Prinzessin sei unwohl und bedürfe Stille. Als er dies mit der größten äußerlichen Ruhe gethan hatte, ließ er sich seinen schnellsten Renner satteln und jagte gegen —burg zu, um mit einem Manne zu sprechen der für Jeden ein Gegenstand der Abneigung ist, obgleich nur der unschuldige Vollstrecker des Gesetzes, er ritt zum Scharfrichter von *⁎*, einem Dorfe auf französischem Gebiete, denn der Ort wo der Prinz mit meiner Mutter eben gewohnt, war, wie ich Ihnen wohl schon gesagt habe, unweit der Grenze."

„Himmel, was werde ich hören!" rief Emil.

„Schreckliches muß ich erzählen," seufzte die alte Dame, „hören Sie zu. In *⁎* wohnte ein Mann von welchem Niemand recht wußte, wo er herstamme, von wannen er gekommen sei. Er war ungefähr vierzig Jahre alt, lebte mit seiner Frau und vier Kindern ganz ruhig und saß den größten Theil des Tages über seinen Büchern. Da er ruhig lebte, Niemanden störte, und seine bescheidenen Bedürfnisse baar bezahlte, ließ ihn die Ortsbehörte ruhig da bleiben. Er sprach geläufig Französisch, war aber von Geburt ein Deutscher, und bei Gelegenheiten, wo er sich den Nachbarn hülfreich erwiesen hatte, entdeckte man, daß er sich auf Medicin verstand, an Hunden und Pferden hatte er sogar einige merkwürdige Kuren gemacht.

Der Prinz Friedrich war, wie die meisten Cavallerie-

Offiziere, — ein großer Pferdekenner, er liebte diese edlen Thiere fast mehr wie irgend einen Menschen, und war besonders stolz auf ein ausgezeichnet schönes arabisches Roß, welches ihm viel beneidet wurde. Als das Thier einmal krank war und Niemand in dem Badeorte mehr Rath wußte, der Prinz wahrhaft betrübt, Stallmeister und Adjutanten ganz entmuthigt waren, erzählte ein Cavalier von den merkwürdigen Kuren, welche jener Mann in *⁎*, Martin genannt, glücklich vollbracht habe.

Der Prinz sandte nach ihm, allein er erklärte fest, daß er nicht auf deutsches Gebiet kommen möge und der Prinz entschloß sich, das Pferd hinführen zu lassen. Er ritt selbst hin, und hatte die große Freude, es nach sechs Tagen völlig kurirt zurück zu erhalten. Daß der Prinz diesen Mann reichlich belohnte, können Sie denken; er faßte eine schnelle, aber lebhafte und große Freundschaft für ihn und bot ihm eine Stelle in seinem Hofstaate an, allein der Mann lehnte sie ab, und gab dem Prinzen Gründe an, gegen welche derselbe keine Einwendungen machte. Zu diesem Manne nun begab sich der Prinz und hatte ein langes, ernstes Gespräch mit ihm."

Die alte Dame schwieg, auch Emil wagte keine Frage, er fürchtete durch ein einziges Wort seiner Pflegerin wehe zu thun.

Lange saßen Beide schweigend einander gegenüber, die Kerzen waren herab gebrannt, das Feuer im Kamine flackerte noch einmal auf um dann zu verlöschen, die große Sanduhr schlug Elf.

„Es ist spät für einen Reconvalescenten und spät für eine alte Frau," sagte jetzt Frau Haag. Damit stand sie auf, „morgen mehr, mein lieber Emil, leben Sie für heute wohl und mögen Ihre Träume freundliche sein."

Emil, obgleich er gern noch mehr gehört hätte, wagte jedoch nicht die würdige Dame von ihrer Nachtruhe abzuhalten, er küßte ihr ehrerbietig die Hand und ging in sein Zimmer.

Lange, lange vermochte er nicht einzuschlafen, immer trat die Gestalt der holden Prinzessin, des schönen d'Esparjet, des grausamen Prinzen vor sein geistiges Auge, erst gegen Morgen versank er in einen unruhigen Schlummer.

Fünftes Kapitel.

Aus den Papieren eines Scharfrichters.

Als Emil den nächsten Tag der Hausfrau seinen Morgenbesuch machte, empfing sie ihn mit gewohnter Güte.

„Nun, haben Sie gut geschlafen mein junger Freund?" sagte sie freundlich, „ich habe Sie gestern wider meinen Willen in große Spannung versetzt, ich hätte nicht so spät des Abends mit meinen Mittheilungen beginnen sollen. Doch, ich will Sie nicht länger hinhalten, hier nehmen Sie diese Papiere, lesen Sie dieselben und heute nach unserm Diner, wenn Sie mir dieses Manuscript zurückgegeben haben, werde ich Ihnen mehr erzählen.“

Emil nahm mit Dank die Papiere, zog sich in sein Gemach zurück und las:

Mein Tagebuch, begonnen im Jahre 1784.

***

Da wäre ich nun auf französischem Boden, der mir aber heimisch vorkommt, denn vor noch nicht zu langer Zeit gehörte er ja noch zu Deutschlands schönsten Provinzen, und ich werde mich bald hier eingewöhnen; ist es doch von hier aus nicht weit nach Paris, nach der glorreichen Stadt, von welcher aus bald die Fackel der Aufklärung alle Welt erleuchten wird.

Aufklärung, ja Aufklärung! Wie sehnsüchtig habe ich sie erfleht, wie vielen Millionen wäre sie Arzt, Tröster, Retter, alles gewesen, wenn sie nur gekommen wäre!

Aber sie ist gekommen, leider immer nur in Gestalt einzelner Menschen, und die große Menge fand diese hohen Geister lästig, sie begriff nicht welche Wohlthaten sie mit sich brachte, sie insultirte also die segensreiche und verjagte sie, aber für immer läßt sie sich nicht zurückdrängen, unaufhaltsam schreitet sie weiter über den ganzen Erd-

ball. Wenn sie ihre Wanderung vollendet hat, werden
alle Menschen glücklicher sein.

Mein Urgroßvater war ein Edelmann, er hatte seinen
Lehnsherrn beleidigt und sollte enthauptet werden. Weil
man in dem Herzogthume einen Scharfrichter brauchte,
denn der alte war gestorben ohne einen Sohn zu hinterlassen, begnadigte man ihn zum Scharfrichter, und er
nahm dieses Amt an, denn schon damals verachtete er die
Welt, und seine Frau war todt, sein Sohn ein Kind.

Schön lag seine Wohnung von Wald und Wiesen
umgeben, er lebte friedlich mit dem Sohne und seinen
Dienstleuten. Er ließ dem Sohne eine gute Erziehung
geben, aber — er war Scharfrichter, folglich mußte sein
Sohn es auch werden und sein Weib war die Tochter
eines Scharfrichters. Sie schenkte ihm drei Kinder, ein
Sohn starb jung, die Tochter heirathete einen Geistlichen,
aber weit von der Heimath, und sie durfte keiner Seele
entdecken, daß sie das unschuldige Töchterlein eines Scharfrichters war.

Mein Vater mußte Scharfrichter werden, obgleich ein
Ehrenmann, floh man ihn. Ich hatte keine Lust dazu,
mein Vater that mich in eine gute Schule, aber als man
meine Herkunft erfuhr, jagte man mich fort, obgleich ich
der beste Schüler war. Kein Regiment, keine Zunft, keine
Lehranstalt nahm mich auf, sollte ich doch überall den
Taufschein zeigen, der lautete: „Christian Friedrich Mar-

tin, Sohn des Christian Eberhard Martin, Scharfrichters
zu T . . ."

Als mein Vater todt war, litt mich's nicht daheim,
ich verkaufte allen Hausrath, nahm mein Erbtheil, das
klein war und zog fort. Fremd, ohne Empfehlungen,
ohne Legitimationspapiere, schlug ich mich durch wie es
eben ging. Meine Kenntnisse in Bezug auf Thierheil=
kunde nützten mir, ich fand eine Anstellung bei dem Her=
zoge von *₊*; da lernte ich meine Frau kennen, wir lieb=
ten uns und wurden ein Paar.

Zufrieden, nützlich, hätte ich da leben können, aber
ein böser Stern führte einen Herrn an den Hof des Her=
zogs, der mich in meiner Heimath gesehn hatte, und es
blieb mir nichts übrig, als schnell um meinen Abschied
zu bitten, sonst wäre ich entlassen worden.

Mit meiner geliebten Frau, zwei muntern Kindern
und einer kleinen Baarschaft bin ich nun hier, hier wo
ich Ruhe zu meinen Studien habe, und mit wenig Geld
unsre einfachen Bedürfnisse befriedigen kann. Glückt meine
Idee, das heißt, finde ich die Mittel, sie zur Ausführung
zu bringen, dann wird des Scharfrichters Sohn ein Wohl=
thäter der Menschheit und nach seinem Tode wird man
ihm eine Ehrensäule setzen.

Im Jahre 1786, am 4. Mai.

Heute hat mir der Himmel ein Zwillingspaar gesandt, Gott erhalte es und seine liebe Mutter!

Meine Arbeit schreitet vorwärts, aber das Geld, das Geld fehlt. Gern möchte ich nach Paris, aber es sollen schwere dunkle Wolken über der Hauptstadt schweben; wenn sie sich entladen sollten, möchte ich die Meinigen nicht dort wissen, und mich von ihnen trennen, hieße meinem Glücke den Rücken kehren. Wenn ich nach England könnte, aber dazu fehlt mir das Geld, und was thut Teutschland, was seine Fürsten, um eine gemeinnützige Erfindung zu fördern? Nichts! Von den vielen Fürsten interessirt sich nicht Einer dafür! Ich weiß es im Voraus und frage keinen ob er mir „allergnädigst“ helfen will.

Im Jahre 1788. 1. Januar.

Wieder ein Jahr zu Ende, wie wenig fehlt mir noch und ich bin am Ziele. Wenig für einen Fürsten oder für den großen Kaufmann, und doch viel für mich. Gerade tausend Louisd'or, eine für mich unerschwingliche Summe.

Wenn ich etwas vom Handel verstünde, wie leicht, vielleicht in kurzer Zeit, hätte ich diese Summe erworben. Ich habe Schritte gethan, bei unternehmenden Leuten angefragt, sie wollten entweder gar nichts davon hören, oder sie lachten. Daß doch die Menschen nicht begreifen, welche Kraft im Dampfe steckt, weil frühere Versuche nicht gelangen, muß der meine denn mißglücken? Ich habe Alles so fest geordnet, wenn ich die Mittel hätte!

Meine Reisen nach Amsterdam, nach England waren vergeblich! Oh, und wie viel Geld wird dort verschleudert, für Nichtigkeiten ausgegeben!

Da sitze ich, und kurire Pferde und Hunde, wohl auch Menschen, und bin froh, daß man mir das erlaubt, und ich mich leidlich mit den Meinigen davon nähre.

Auch Menschendoctor bin ich, wie die Leute sagen. Guter Gott, was den Thieren hilft, warum soll das bei den Menschen nicht anschlagen? Sind doch ·die Thiere oft edler, treuer, dankbarer!

Ich arbeitete wieder an meiner Maschine, aber zuweilen denk' ich, es ist Sünde, mich mit fruchtlosen Versuchen zu quälen, ich könnte· wohl Besseres für Frau und Kinder thun, als meine Maschine immer im Auge haben.

1788. Mai.

Heute war ich glücklich! Ich war in dem Badeorte B..., ich wollte mit dem berühmten Arzte sprechen, dessen Ruhm bis in meine Einsamkeit gedrungen ist. Meine gute Frau kränkelt. Ich habe dem Doctor Alles erzählt, er giebt mir Hoffnung, er lobt· es, daß ich sie den Saft der Kräuter trinken lasse, welche die Lämmer so gern suchen. Bei dem Arzte traf ich einen Franzosen, einen gelehrten, denkenden Mann, der sprach über Dies und Jenes, was mich sehr interessirte, er nahm auch Theil an mir, und ich habe ihn später, als er mit mir zugleich das Haus des Doctors verließ, von meiner Maschine erzählt, er lachte nicht, er hat Vertrauen dazu und will kommen, sie zu sehen.

Im Juli 1788.

Das alte deutsche Sprüchwort hat sich an mir bewährt: „auf Regen folgt Sonnenschein!"

Der liebe Herr ist gekommen, er hat meine Maschine gesehen; obgleich sie noch nicht fertig ist, begriff er nichtsdestoweniger, wo ich hinaus will. Er hat mir widerrathen nach Paris zu gehen, das stehe jetzt auf einem Vulcan, aber bei dem Herzoge von S. will er für mich sprechen.

Im August 1788.

Das Glück scheint bei mir einzukehren. Ich habe das schöne Pferd eines großen Herrn kurirt und zwanzig Ducaten dafür empfangen. Damit läßt sich schon Etwas thun. Heute ist mir eine Dame erschienen, ich weiß nicht war sie eine Fürstin oder eine Fee! Sie war schön, wohlthätig, mild, und ich nahm Alles von ihr an, was

sie mir gab. Wenn es so fort geht, habe ich bald die
nöthige Summe, und dann, dann! —

Sie fragte so gütig, was mich bedrücke! Ich redete
von Geld, von Frau und Kindern, ihr Anblick verwirrte
mich, niemals hatte ich eine so holde schöne Erscheinung
gesehen!

1788. September.

Was habe ich erlebt! Noch schaudert mir, wenn ich
daran denke. Dir, verschwiegenes Tagebuch, will ich anvertrauen, was ich keinem Menschen mittheilen darf, Dir
muß ich's entdecken, soll ich nicht die Klarheit meines Geistes
verlieren.

Vor wenig Tagen stand ich vor meiner Maschine und
arbeitete daran, da hörte ich Pferdegetrappel; bald
nachher ward die Thüre meines Zimmers aufgerissen, und
der große Herr trat bei mir ein, dessen Pferd ich vor
Kurzem behandelt hatte.

„Seid Ihr allein Meister?"

„Ja, gnädiger Herr!"

„Wollt Ihr mir einen Dienst leisten, er soll Euch
hoch bezahlt werden!"

„Gern, gnädiger Herr!"

„So macht Euch bereit dem zu folgen, der Euch bei
Einbruch der Nacht holen wird. Ihr werdet Näheres von
ihm hören!"

„Aber, gnädigster Herr —"

„Kein Aber, Meister! Mein Wort zum Pfande, Euch soll kein Leid geschehen, wohl aber großer Lohn zu Theil werden. Ihr habt doch bei Eurem Vater gelernt, wie man köpft?"

„O Herr, wozu diese Frage?"

„Sie ist nothwendig! Habt Ihr Euer Fach gelernt?"

„Ich bin kein Scharfrichter, gnädiger Herr; ich bin, wie Sie wissen, der Heimath entflohen, weil dieser Stand mir zuwider ist. Allerdings weiß ich mit dem Schwerte umzugehen, aber nur wie ein Soldat, und ich glaube Euer Gnaden könnten mit eben so viel, ja vielleicht mehr Geschicklichkeit einen Menschenschenkopf herunter hauen als ich."

„Möglich! Doch will ich es nicht. Also Meister, seid gegen Abend bereit, haltet reinen Mund, und verlaßt Euch darauf, Ihr sollt weder Unrecht thun noch Unbill leiden, und tausend Louisd'or Euer Lohn!"

Hierauf verließ er mich! —

Mir ward seltsam zu Muthe, einen Augenblick kam mir der Herr wie der Versucher vor, ich dachte Gott wolle mich auf die Probe stellen, weil ich ihn oftmals so inbrünstig um den Mammon angefleht hatte, an den wir unser Herz doch nicht hängen sollen, dann rief eine andre Stimme in mir: „Weißt Du doch noch nicht, was der Herr von Dir begehren wird, er ist ein Fürst und wird

nichts Unfürstliches thun." Zugleich betete ich, recht vom
Herzen, da ward ich ruhiger und endlich sagte ich zu mei=
nem jüngsten Töchterlein: „Anzathe, soll ich fortgehn oder
hier bleiben?"

Das Kind sah mich mit klugen Augen an, schlang die
Aermchen um meinen Hals und sagte: „Geh lieber Va=
ter, aber komme bald wieder, und bringe mir Etwas mit!"

Das nahm ich für einen Wink des Himmels, und
ging mich zurecht zu machen. Ich schnallte mein Schwert
um, steckte eine Pistole zu mir, warf den Mantel über
und verließ das Haus. Meiner Frau sagte ich, ich sei,
wegen einem kranken Schimmel nach B... bestellt, und
würde abgeholt zu Wagen, ich würde ihm unterwegs be=
gegnen.

Richtig, kaum befand ich mich hundert Schritte von
meinem Häuschen entfernt, da kam in Galopp ein Wa=
gen, mit vier wilden Rappen bespannt.

Der Kutscher war in einen Mantel gehüllt und trug
eine Larve. Ein ebenfalls verlarvter Mann sprang aus dem
Wagen, legte mir eine dichte Binde um die Augen und setzte
sich zu mir. Er redete kein Wort zu mir, gab auf keine
Frage Antwort, auch ließ sich beinahe nicht sprechen, denn
wir fuhren im Galopp, und die Räder rasselten auf der
Landstraße, daß ich mein eignes Wort kaum hören
konnte.

Mehrere Stunden hatte diese Fahrt gedauert. Endlich

hielt der Wagen still, der Herr nahm meine Hand, hieß mich aussteigen und leitete mich durch verschlungene Pfade Trepp auf Trepp nieder, mindestens eine viertel Stunde.

Endlich stieg ich mehrere Stufen hinab und nun befahl der Herr, ich solle still stehen. Er nahm mir die Binde ab, und ich sah mich in einem Keller. Der Verlarvte hatte eine Blendlaterne in der Hand, welche den Raum nur spärlich beleuchtete, so daß ich die Gestalt des Mannes nicht viel deutlicher sah, als in dem Wagen.

„Wir sind an Ort und Stelle," flüsterte er mit hohler Stimme, die Aehnlichkeit mit der des Prinzen Friedrich von *⁎* hatte, doch würde ich nicht beschworen haben, daß er es wirklich war, bei seinen Besuchen hatte er sich für einen Freiherrn ausgegeben, und ich stellte mich, als kenne ich ihn nicht.

„Hier, diese Thüre öffnen Sie, in dem anstoßenden Gemache finden Sie eine Frau, dieser werden Sie den Kopf abschlagen!" herrschte er mir zu.

„Unmöglich Herr, unmöglich!" rief ich voll Entsetzen.

„Hören Sie mich an. Entweder thun Sie es und erhalten sofort den versprochenen Lohn, oder Sie thun es nicht, dann — so wahr ich lebe — bleibt die Frau in dem Keller, bis sie verhungert ist. Sie ist eine Ehebrecherin, und wenn ich sie nicht öffentlich brandmarke, wie es der dänischen Königin geschehen ist, so dankt sie das meinem Stolze."

„Aber Herr, diese arme Königin welche noch auf dem Todtenbette ihre Unschuld beschworen hat, wurde ja nur in die Gefangenschaft gesandt."

„Weil Dänemark Rücksicht auf das englische Königshaus nehmen mußte!"

„Vielleicht ist die Dame, deren Urtheil Sie, gnädiger Herr, sprechen, schuldlos und ob —"

„Kein Wort mehr! Schuldig ist sie, ich habe Beweise, und wohl Keiner hat in diesem Falle größer Recht sie zu verurtheilen als ich, ihr Herr! Sterben muß sie, ist schon vorbereitet, also zaudert nicht Mann, Ihr verlängert nur die Qualen der Sünderin. Ihr tödtet sie rasch und wenn es geschehn legt Ihr den Leichnam in die Grube die Ihr sehen werdet und bedeckt ihn mit Erde. Hier, in diesem Beutel ist Euer Lohn und nun macht, macht der Sache ein Ende. Sobald die That vollbracht verlaßt Ihr den Raum, Ihr folgt dem, der Euch führen wird, dann steigt Ihr in den Wagen und seid morgen wieder zu Hause. Aber seid stumm wie das Grab, sonst wehe Euch, Eurer Frau, Euren Kindern!"

Er drückte mir ein Netz voll Goldstücke in die Hand, öffnete eine Thüre, stieß mich in das anstoßende unterirdische Gemach und schloß die Thüre hinter mir, ich hörte ihn Stufen hinansteigen.

Als ich eintrat, in das von einer Lampe erhellte Gewölbe, sah ich eine schwarz gekleidete, verschleierte Dame, doch wer beschreibt meine Empfindungen, als ich jene wunderbare Erscheinung vor mir sah, welche mich so großmüthig beschenkt hatte.

„Sie kommen mich zu tödten, sei es denn!“ sagte sie mit Resignation, „Gott schütze meine Kinder!“

„Tödten sollt' ich Sie, meine Wohlthäterin, nimmermehr!“

„Lieber Mann, für mich giebt es keine Rettung, wenn mein Peiniger keine Hand mit dem Schwerte fände, würde er zu Gift seine Zuflucht nehmen, ich kenne ihn!“

Ich schaute mich in dem niedrigen Gewölbe um, es hatte ein einziges kleines Fenster, doch würde wohl die zarte schlanke Frau haben durchkriechen können, allein es war mit eisernen Stäben versehen, und ich wußte nicht, wohin es führte.

„Wissen Sie meine Dame, wohin das Fenster geht?“ fragte ich.

„Ich glaube in den Garten hinter dem Hause, doch weiß ich es nicht gewiß!“

Ich ging an die Thüre, sie hatte zum Glück einen großen eisernen Riegel den ich von innen verschieben konnte, es war also unmöglich, daß Jemand in das Gewölbe durch diese Thüre kommen konnte.

Ich versuchte die Stäbe zu beseitigen, es gelang mir mit Hülfe des Schwertes und des Grabscheites. Ich machte die Steine um das Fenster herum locker, da mußten die Stäbe wohl fallen, und die Dame half mir mit ihren zarten Händen so viel sie konnte, denn die Hoffnung gab ihr Kraft.

Als die Oeffnung groß genug für sie war, ruhten wir und lauschten durch das Fenster, Alles war still.

„Ich glaube selbst dieses Fenster führt durch den Garten, sonst würde man die Schritte Vorübergehender hören, ganz menschenleer sind doch die Straßen niemals. Nehmen Sie diesen Mantel, meinen Hut, eilen Sie, sind Sie im Garten ist Rettung gewiß."

„Aber Sie, mein Retter!" „Still, —"

Wir hörten von Außen Schritte, ich schob die zitternde Frau durch das Fenster, meinen Hut und Mantel nach, und füllte die Grube aus, was bald geschehn war, dann löschte ich die Lampe aus, schob den Riegel weg, und trat in das größere Vorgewölbe, die Thüre hinter mir drückte ich zu.

Ein Verlarvter mit einer Blendlaterne stand da, doch sah er kleiner aus als der Herr, welcher mich hierher geführt hatte; ich glaube es war derselbe, der auf dem Kutscherbocke gesessen hatte, als ich geholt wurde.

„Sind Sie fertig?" fragte der Mann leise, seine Stimme zitterte.

„Alles ist nach Wunsch vollbracht," erwiederte ich ebenfalls flüsternd.

„Wo ließen Sie Hut und Mantel?"

„Die Dame fragte nach einem Sarge, da hüllte ich
sie in meinen Mantel, den Hut habe ich vergessen, aber
ich hole ihn nicht, keine Macht der Erde bringt mich wieder in das kleine Gewölbe."

„Glaube es!"

„Wollen Sie sehen, daß ich das Grab geschlossen
habe?"

„Nein! Ich muß gehorchen, bin ohnmächtig und
stumm, aber froh will ich sein, wenn ich dies Haus, den
ganzen Ort, meilenweit hinter mir habe."

Er verband mir wieder die Augen, faßte mich bei
der Hand, half mir aus dem Hause, in den Wagen, und
fort ging es mit Sturmes Eile.

Ich dankte Gott als ich wieder in meinem Häuschen,
bei meiner Familie war.

Der Himmel hat mich gewürdigt ein Menschenleben
zu retten, sicher das Leben einer edlen, unschuldigen Frau,
ich habe nicht umsonst gelebt!

November 1788.

Endlich bin ich in Amsterdam, ich fühle mich sicherer
hier, doppelt sicher seit ich meinen Namen geändert habe;
ich habe niemals ganz ohne Sorgen vor der Macht des
Prinzen gelebt. Wie leicht konnte er sich des Mitwissers
seines furchtbaren Geheimnisses entledigen. Er soll den
Tag nach jenem Vorfalle B... plötzlich mit seinem Ge-

folge verlaſſen, und in einem verſchloſſenen Wagen eine verſchleierte Dame mit ſich geführt haben. Ob er ſie ent=bedt und ihr verziehen hat? Oder war dieſe Verſchleierte eine Gaulerin? Wer darf wohl ohne Gefahr darnach forſchen?

Andre Blätter, in welchen Martin über ſich und ſeine Familie ſprach, las Emil nur flüchtig. Die Geſchichte je=ner unglüdlichen Prinzeſſin nahm ſein ganzes Intereſſe in Anſpruch.

Er erinnerte ſich jetzt, daß ſein Vater einmal von ihr erzählt, ſein Oheim habe ſie getannt; auch entſann er ſich, daß er von dem wunderlichen Verſchwinden einer Prinzeſſin von ***, eine uralte Hofdame, hatte erzählen hören, wenn er in den Ferien nach Schloß Wildenſtein pilgerte, ſeinen liebſten Schultameraden, den Sohn des dortigen Pfarrers begleitend; aber er hatte dieſe Geſchichte für eine, alles Grundes entbehrende Sage gehalten, jetzt tonnte er an der Wahrheit, inſofern der Charatter des Prinzen *** dabei in das Spiel tam, nicht mehr zweifeln.

Sechstes Kapitel.

Lebensgeschichte der Frau Haag.

Als Frau Haag ſich des Nachmittags mit Emil allein ſah, die vergilbten Papiere wieder aus ſeinen Händen an sich genommen und sorgfältig verschlossen hatte, nahm sie am Kamine, dem Gaste gegenüber Platz, und fuhr fort:

„Gewiß, mein lieber Emil, werden Sie wissen wollen, was aus meiner Mutter geworden war, nachdem sie, von Martin's Mantel und Hut verhüllt, in dem Garten stand.

Sie besaß im hohen Grade die glücklichste aller Naturgaben: Geistesgegenwart; und ohne Zögern schlich sie leise an der Mauer des Hauses hin, bis sie sich in den Gebüschen des Gartens befand. Lautlos glitt sie, von den Schatten der Bäume gedeckt — denn der spät aufgegangene Mond verbreitete einige Helle — weiter; am Ende des nicht sehr großen Gartens kroch sie durch den Buchenzaun, der des Nachbars Garten von dem andern schied und nachdem sie auch diesen durcheilt und eine niedrige Mauer überklettert hatte, befand sie sich auf der Straße.

Sie überlegte, wohin sie sich wenden sollte, als Männertritte sie erschreckten. Eiligst stellte sie sich hinter eine steinerne Säule, die ein Haus zierte, der Mann kam mit raschen Schritten an ihr vorüber, ungeachtet des Halbdunkels erkannte sie b'Esparset.

Sie eilte ihm nach, und zum ersten Male im Leben sank sie, von den verschiedenartigsten Empfindungen bestürmt, in seine Arme.

Mit wenig Worten theilte sie ihm mit, daß sie sich verbergen müsse; er war durch ihre Kammerfrau von deren

6*

unglückseliger Begegnung mit dem Prinzen unterrichtet worden, und fürchtete für Prinzeß Louise. An seine Reise dachte er nicht mehr, er hatte nur die verehrte, geliebte Frau, nur Ihre Rettung im Sinne, denn wenn er auch nicht so Schreckliches für möglich hielt, als der Prinz ausführen wollte, so war' ihm doch dessen Härte und Eifersucht in so weit bekannt, daß er für die Prinzessin zitterte.

Die Kammerfrau hatte ihm Nachricht über die Gebieterin versprochen, wenn auch vielleicht erst in der Nacht, und d'Esparset war deshalb mehrmals an dem Hotel vorübergeschlichen, ohne daß sich eine Thüre oder ein Fenster geöffnet hatte.

Das Nothwendigste war, die Prinzessin in Sicherheit bringen, er mußte, bis auf einen gewissen Punkt sich dem Herzoge von S . . . anvertrauen. Vorderhand führte er Louisen in seine Wohnung, was still und unbemerkt geschehen konnte und bat sie, von dem gehabten Schrecken auszuruhen; dann entfernte er sich, nachdem er sie in seinem Zimmer eingeschlossen hatte und erwartete in einem Gasthofe den Morgen.

Herr d'Esparset hatte zu seiner weiten Reise schon alle Vorbereitungen getroffen, seine Sachen waren gepackt, seine Gelder in Bereitschaft, sein Diener, weil er sich vor der weiten Reise fürchtete, abgelohnt.

Daß eine zarte Frau wie Prinzessin Louise, zumal zu jener Zeit nicht mit Naturforschern reisen konnte, sah er sofort ein, auch nach Paris, überhaupt nach Frankreich, wo jetzt Alles in Gährung war, wagte er nicht, sie zu bringen. In tiefster Verborgenheit mußte sie leben, damit sie nicht, um neuen Unglücke entgegen zu gehen, erkannt würde. Zu ihren herzoglichen Eltern wollte sie nicht, denn wenn sie auch an ihre Unschuld geglaubt hätten, sie würden sie entweder zu ihrem Gemahle zurückgeführt, oder sehr ungern bei sich gesehen haben. Fürsten lieben die Kinder nicht mehr, welche ihnen Unehre bringen; auch zogen Liebe, Mitleid, Leidenschaft und Ritterlichkeit den französischen Edelmann zu der verstoßenen Frau hin, die Schreckliches wegen ihrer reinen Neigung zu ihm erdulbet hatte.

Er war einst mit dem Herzoge von S. in diesem Waldschlosse gewesen, welches demselben gehörte, und fast gar nicht mehr besucht wurde, dieses Schloß wollte er sich auf einige Zeit zum Aufenthalte erbitten, angeblich um in größter Stille seine Studien zu machen, in der Gegend zu botanisiren und, ein angefangenes literarisches Werk zu vollenden, zugleich hoffte er auf die tiefste Verschwiegenheit des Herzogs.

Herrn d'Esparset's Wunsch wurde erfüllt, der Herzog wunderte sich nicht darüber, und versprach tiefes Schweigen, hielt auch sein Wort wie ein Ehrenmann.

Während man an dem Hofe des Herzogs und in B... Herrn d'Esparset auf dem Wege nach dem Oriente

wähnte, reiste er mit meiner Mutter nach dem abgelegenen Waldschlosse. Er war katholisch, in dem nächsten
katholischen Orte vertraute Herr d'Esparset unter dem Siegel der Beichte einem verständigen Priester Alles, und
dieser erklärte Louise für völlig frei. Ihr Gemahl hatte
durch seinen schauderhaften Urtheilsspruch sie selbst für frei
erklärt; nach des Paters Ansichten konnte sie sich nach
göttlichen und menschlichen Gesetzen wieder vermählen.

Einige Wochen nach ihrer Flucht sprach der Priester
in der katholischen Kirche zu * den Segen über ihren
Bund.

Anfangs kränkelte meine Mutter, ungeachtet der zärtlichsten Pflege von Seiten ihres Gemahls, welcher für alle
mögliche Bequemlichkeiten gesorgt, auch ein treues Diener-
paar aufgefunden hatte; aber zum Frühjahr erholte sie
sich, sie blühte in der gesunden Waldluft auf, wie eine
Rose, und ein Jahr nach ihrer Verbindung erblickte ich
das Licht der Welt.

Ich bin, wie mein Vater mir oft erzählte, von meiner Mutter auf das zärtlichste geliebt worden. Sie hat
mich selbst genährt, und immer um sich gehabt.

Später, als ich verständiger war, bemerkte ich, daß sie
zuweilen mich mit Augen voll Thränen in ihre Arme
schloß, auch erinnere ich mich, daß mein Vater zuweilen
auf mehrere Wochen verreiste. Eines Tages, als er uns

wieder einmal Lebewohl sagte, fragte ich: „Papa, reisest Du schon wieder fort, warum denn?"

„Es ist Deinem Papa zu einsam hier!" erwiederte meine Mutter, und zerdrückte Thränen im Auge.

„Liebe Louise, ein Mann in meinen Jahren, von meinem Wesen, kann sich nicht immer in ein Waldschloß begraben. Du willst nicht mit mir in eine deutsche Hauptstadt ziehen, oder nach England, Italien gehen, was ist da zu thun?"

„Ich fürchte die Entdeckung und — da ich ganz arm zu Dir gekommen bin, so könnten wir in einer theuern Hauptstadt nicht leben!"

„Du würdest freilich statt, wie Du gewohnt bist, in einem Schlosse, in einem kleinen Hause leben müssen!" sagte er.

Ich erinnere mich dieses Gespräches noch deutlich, freilich verstand ich den Sinn desselben nicht, ahnte nicht, daß meine Eltern, welche sich so sehr zu lieben schienen und auch wirklich liebten, doch Beide durcheinander nicht glücklich waren.

Ich war sehr glücklich hier, obgleich Tauben, ein großes schönes Windspiel und ein zahmes Reh, meine einzigen Gespielen waren.

In der Umgegend kümmerte sich Niemand um uns; mein Vater galt für eine Art von Zauberer, den der Herzog hierher gesetzt habe, daß er Geld für ihn mache,

und mein Vater that eher etwas dazu als dagegen, um
die Leute bei dieser Ansicht zu lassen.

Wenn er von seinen Reisen heimkehrte, freute er sich
immer sehr uns wiederzusehn, und oft setzte er sich stun=
denlang hin, mich zu belehren, oder mir lustige Geschich=
ten zu erzählen.

Meine Mutter unterrichtete mich in der Musik und
freute sich sehr, in dem alten Schlosse ein Spinet und
eine Laute zu finden.

Mehrere Jahre hatten wir da gelebt, ich zählte schon
über acht Jahre und war durch den steten Umgang mit
meinen Eltern in geistiger Hinsicht entwickelter als in der
Regel Kinder dieses Alters zu sein pflegen, als eines Ta=
ges, als ich zwischen meinen Eltern am Tische saß und
dem Vater vorlesen zuhörte, der Herzog von S. uner=
wartet eintrat.

Meine Mutter stieß einen Schrei aus und vermochte
kaum sich aufrecht zu halten, der Herzog starrte sie an und
rief: „ist es möglich, täuschen mich meine Augen, oder
sind die Todten auferstanden?"

Nur mein Vater behielt seine Fassung, er begrüßte
den Herzog mit der ihm eignen Würde und Grazie und
führte ihn in das Nebenzimmer. Dort hatten sie eine
lange Unterredung. Später kam der Herzog wieder mit
meinem Vater in das Gemach zu meiner Mutter und
nannte sie durchlauchtige Frau.

„Ich bitte um Verzeihung, Durchlaucht," sagte mein
Vater lächelnd, „Sie sehen hier nur Madame d'Esparset."

Der Herzog entgegnete, „ah, bah! Die Heirath der
Prinzessin beraubt sie nicht ihres Titels, nun, nun, run-
zeln Sie die Stirne nicht, lieber d'Esparset, wir Durch-
lauchten müssen es uns auch gefallen lassen, daß man
unsre Gemahlinnen kaiserliche oder königliche Hoheiten nennt,
und es schmeichelt uns sogar eine Tochter aus einem
Kaiser- oder Königshause zur Gemahlin zu haben."

„Möglich, gnädigster Herr, allein ich denke darüber
bürgerlicher, und meine Frau soll, meiner Ansicht nach,
auch meinen Namen führen."

„Darüber hat wohl vor Allem die Prinzessin zu ent-
scheiden!" sagte der Herzog.

Meine Mutter sprach halblaut, daß sie mit dem Namen d'Esparset vollkommen zufrieden sei.

Als sich später mein Vater entfernte hörte ich, da ich
in einer Nische des Zimmers halb verborgen war, die
Mutter fragen: „und meine Söhne, meine Tochter in *⁎*,
was können Sie mir von diesen sagen?"

„Sie leben und gedeihen, Er ist jetzt Regent, der alte
Herzog ist vor kurzem gestorben, daß der jetzige Herzog
sich in diesem Jahre wieder vermählt hat, werden Sie
wissen!"

„Nichts von Allem weiß ich!"

„Aber Herr d'Esparset kommt doch dann und wann

in die Welt, hat er Ihnen von Allem diesen keine Mit=
theilung gemacht?"

„Nein, und ich erinnere ihn nicht gern durch eine
Frage an die Vergangenheit."

„Er scheint mir zur Schwermuth geneigt."

„Er hat Sehnsucht nach Frankreich, und will doch
jetzt, wo sich die tobenden Elemente noch nicht beruhigt
haben, weder mich noch unsre Tochter hinführen, allein
aber, will er auch nicht hingehen, denn obgleich er sich
wohl hier zuweilen fort in die Welt sehnen mag, eine
lange Trennung von mir und Alphonsinen könnte er doch
nicht ertragen!"

Ich erinnere mich dieses Gespräches noch so lebhaft,
als hätte ich es heute gehört, sagte Frau Haag nach
einer Pause. Tage lang begriff ich nicht, wie es mög=
lich sei, daß meine Mutter Kinder habe, welche ich nie=
mals gesehen hätte, aber ein dunkles Gefühl sagte mir,
es sei besser, meine Eltern nicht darnach zu fragen.

Gegen Abend ritt der Herzog fort, mein Vater be=
gleitete ihn bis vor das Schloß, ich saß, meine glänzen=
den, eben gesammelten Kastanien nach Kinderart betrach=
tend, unter dem großen Kastanienbaume, der jetzt entblät=
tert durch das Fenster schaut, da hörte ich den Herzog zu
meinem Vater sagen: „Ihre Gemahlin hat sich in dieser
ruhigen Einsamkeit merkwürdig conservirt, sie ist noch im=
mer eine schöne Frau, dennoch begreife ich nicht, wie

Sie es in dieser Einsamkeit aushalten können, mich ver-
möchte Frau Venus selbst nicht hier zu fesseln."

„Ich lese und schreibe viel, Durchlaucht."

„Gut, aber ich möchte Etwas für Ihre Gemahlin
thun, die bei Alledem meine Verwandte ist. Auf meine
Verschwiegenheit können Sie zählen, auch gönne ich dem
Herzoge die Gewissensbisse und die üble Nachrede. Er
hat damals, als er B.. schnell verließ, das Gerücht verbreitet, die Prinzessin sei auf russischem Boden schnell an
den schwarzen Pocken gestorben und müsse deshalb begraben werden, aber obgleich Niemand von seinem Hofstaate
davon gesprochen hat, so murmelt man doch hie und da,
es sei ein mit Steinen gefüllter Sarg versenkt worden,
und sie sei von dem Herzoge selbst aus dem Leben zum
Tode befördert worden."

„Und die herzogliche Familie in B.. hat nicht nach
ihr gefragt?" sprach mein Vater.

„Sie war todt und konnte nicht lebendig gemacht werden, auch war und ist bis jetzt dem Herzoge nichts Posi-
tives zu beweisen, Ihre Gemahlin müßte denn selbst auftreten, und das wird sie natürlich nicht, da die Vermählung mit Ihnen allerlei Deutungen zuließe. Doch, ehe
ich scheide noch Eins, Ihr Vermögen ist nicht groß, ich
wünsche, daß die Prinzessin nicht zu sehr alles Gewohnte
entbehrt und werde —"

„Dafür muß ich entschieden danken, mein Herzog,

ganz entschieden," sagte mein Vater mit einem Stolze,
der sogar auf mich kleines Mädchen Eindruck machte. „Hat
Prinzessin Louise sich entschlossen, einem einfachen Edel=
manne die Hand zu reichen, so muß sie, die mir kein
Vermögen zubrachte, auch als einfache Edelfrau leben
können!"

Natürlich verstand und merkte ich mir damals nur die
Worte jenes Gespräches, allein in zehn Jahren verstand
ich ihren Sinn, und sah ein, daß meine Eltern im Gan=
zen sehr unglücklich waren, wenn sie auch mitunter ein=
zelne Tage voll strahlenden Glückes genossen.

Meine Mutter sehnte sich oft im Stillen nach ihren
entfernten Kindern, mein Vater hatte ihretwegen die große,
ihm so wichtige Entdeckungsreise aufgegeben, sich in eine
Einsamkeit verbannt, die ihm nicht zusagte.

Meine Mutter liebte ihn schwärmerisch, er füllte ihre
ganze Seele aus, daß er außer ihr noch an Ruhm, an ein
bewegteres Leben dachte, that ihr weh. Der Besuch des
Herzogs hatte bittere Empfindungen in dem stolzen Ge=
müthe meines Vaters hervorgerufen. Unglücklicherweise
sagte meine Mutter bald nachher zu meinem Vater, der
aus der nächsten Stadt, wohin er fast jede Woche ritt,
Zeitungen mitgebracht hatte: „wie schrecklich ist doch das
Schicksal der französischen Königsfamilie. Die Todten
wissen von keinem Leide mehr, aber für die lebenden Ver=
bannten ist es doch hart, in solchen beengenden, im Ver=

hältniß zu ihren Gewohnheiten, dürftigen Umständen zu leben."

„Sprichst Du aus Erfahrung, Louise?" sagte mein Vater.

„Ich? O, wie könnt' ich, bin ich Dir nicht aus Liebe hierher gefolgt, war ich nicht, umgeben von der gewohnten, fürstlichen Pracht, im Herzen tief unglücklich, ach, mit aus Sehnsucht nach Dir!"

„Ich wollte, Du sagtest das Deinem Verwandten, dem Herzog, wenn er wieder kommt, denn er wird es thun. Dein Herr Cousin scheint zu glauben, daß mir durch die Verbindung mit Dir nicht nur Liebesglück — denn für dieses danke ich Dir — eine hohe, besondere Ehre wiederfahren ist, und daß mein alter, guter Name zu gering für Dich. O Dünkel, dieser kleinen Fürsten! Aber es wäre gut, wenn Du diesem Herrn sagtest, daß ich mich keineswegs mit Dir verband um wie ein eitler Geck mit einer fürstlichen Gemahlin zu glänzen. Du brachtest mir kein Vermögen, keine Titel zu, Du warst eine Verlorene, die ich rettete. Vergiß auch nicht ihm zu sagen, daß ich es nicht war, der Dich in die Gefahr brachte, ich wollte abreisen, Du schriebst jene unseligen Zeilen, welche die Eifersucht des von Natur argwöhnischen Mannes vergrößern mußten."

„Du batest mich um eine letzte Unterredung!"

„Das hat schon mancher junge, schwärmerische Mann

in seiner Leidenschaft gethan, Männer, zumal poetische
Naturen, können in dem Elemente der Leidenschaft leben, ja
das Größte vollbringen, Frauen müssen sie unterdrücken,
ihre Erziehung, besonders die einer Prinzessin lehrt sie
dies, oder sollte es sie doch gelehrt haben!"

Meine Mutter brach in einen Strom von Thränen
aus und sagte Worte, die sie mir, als ich erwachsen war,
unzählige Male wiederholte: „es ist wahr, Alles, zu dem
uns die Männer zuerst verleiten, machen sie uns Frauen
später zum Vorwurfe!"

Erschrocken über seine bittere Rede kniete mein Vater
vor meiner Mutter nieder, ich schlich aus dem Zimmer und
als ich später meine Eltern wieder sah, sahen sie zärtlich
und versöhnt aus.

Einige Wochen später empfing mein Vater einen großen
Brief, er kam aus England. Ein alter Oheim von ihm,
der den größten Theil seines bedeutenden Vermögens vor
dem Ausbruche der Revolution aus Frankreich hinüber
nach England gerettet, bis auf ein Gut, das jetzt herren=
los war, war kürzlich gestorben, und hatte meinen Vater
zum alleinigen Erben eingesetzt.

„Nun kann ich Dich wieder mit dem Luxus umgeben
den Du gewohnt bist, Louise," sagte mein Vater.

Meine Mutter entgegnete: „ich brauche ihn nicht,
wenn ich nur Deine Liebe habe!"

Aus dem Schreiben, welches ein tüchtiger Rechtsge=

lehrter gesandt hatte, ging deutlich hervor, daß es noth=
wendig sei, daß der Erbe selbst komme, die Summe, die
ihm zufalle, zu erheben.

Mein Vater entschloß sich also rasch zu der Reise und
fragte meine Mutter, ob sie ihn mit mir begleiten wolle,
allein sie war so sehr an Ruhe gewöhnt, daß sie sich nicht
dazu entschließen konnte. Jenes schreckliche Erlebniß hatte
so stark und nachhaltig auf ihre Nerven gewirkt, daß sie
sich nicht wieder so frisch und kräftig fühlte wie früher.

· Ich glaube, mein Vater hatte recht, als er ihr sagte,
Zerstreuung würde ihr wohlthun, und die Einsamkeit sei
ihr schädlich, aber sie versicherte, sie könne sich nicht über=
winden in die Welt zu gehen, und wolle in der Einsam=
keit leben und sterben.

Mein Vater nahm sehr bewegt von uns Abschied, er
war fast noch ergriffener als meine Mutter.

Wir erhielten einige Briefe von ihm, welche unser
Diener in der nächsten Stadt vom Postamte holte.

Ruhig ging der Winter vorüber, meine Mutter be=
schäftigte sich viel mit meinem Unterricht und versprach mir,
sobald sich's thun lasse, ein Mädchen meines Alters, eine
Waise, zu meiner Gesellschaft anzunehmen.

An einem herrlichen Maitage, wo wir eben in den
Wald spazieren gehen wollten, kam der Herzog von S.,
wie damals, von einem einzigen vertrauten Diener be=
gleitet. Schon sein Gesicht verkündete nichts Gutes. Er

brachte die Nachricht, daß mein Vater bald nach seiner An=
kunft in London gestorben sei, doch habe er bis zum letz=
ten Augenblicke sein Bewußtsein gehabt, seine Vermögens=
angelegenheiten geordnet und meine Mutter erhielt in gu=
ten Wechseln auf ein Amsterdamer Handelshaus ein, für
ihre bescheidenen Bedürfnisse ausreichendes, Vermögen.

Ich schluchzte laut bei dieser traurigen Kunde, meine
Mutter dagegen sagte ergeben: „ihm ist wohl, er war auf
Erden nicht glücklich, wenn Alphonsine nicht wäre, würde
ich Gott bitten, mich bald mit ihm zu vereinen!"

Der Herzog bot meiner Mutter seine ritterlichen Dienste
an, er zeigte sich sehr theilnehmend. Meine Mutter dankte
ihm innig für seine Freundschaft, lehnte aber alle Güte
seinerseits ab. Sie versicherte jetzt, wo mein Vater nicht
mehr zurückkehre, sei der Aufenthalt in dem Schlosse, wo
Alles sie an ihn erinnere, ihr schrecklich; sie wolle mit mir
nach der Schweiz, der Herzog möge das Eine für sie thun,
ihr Pässe verschaffen für sie, mich und Dienerschaft.

Wir verließen das Waldschloß und gingen nach *⁎*,
wo der erste Gemahl meiner Mutter lebte. Sie wollte,
was ich erst später begriff, ihre Kinder wenigstens von fern
sehn, es gelang ihr. Sie hatte sich so angekleidet, daß
Niemand sie kennen konnte.

Dann gingen wir nach der Schweiz und lebten fried=
lich in Genf.

Meine Mutter verstand Nichts von Geldangelegen=

heiten, fie hatte die große Summe empfangen und nicht
auf Zinfen gelegt, aus Furcht, man könne fie betrügen.
Sie kaufte in Genf ein Haus mit Garten, richtete es ein,
nahm für mich einen Hofmeifter, eine Kammerfrau und gab
mehr aus, als die Klugheit verftattete.

So kam denn in kurzer Zeit das Vermögen auf die
Hälfte herab, und meine Mutter forgte fich ängftlich um
die Zukunft.

Ich war jetzt dreizehn Jahre alt und über mein Alter
verftändig, vielleicht deshalb kein liebenswürdiges Kind.

Unfer alter, treuer Kammerdiener, der Alles zu beforg-
gen hatte, und den Zuftand unfrer Finanzen kannte, fagte
oft zu mir: „gnädiges Fräulein, wo foll denn das
hinaus!“

Endlich machte ich meiner Mutter Vorftellungen, und
fie legte die Führung des Hauswefens in meine kindifchen
Hände, wobei ich natürlich den verftändigen Rath des alten
Jofeph’s befolgte.

Es war ein eigner Widerfpruch in dem Charakter meiner Mutter, fie befaß in allen wichtigen Angelegenheiten
große Feftigkeit, Entfchiedenheit, Ausdauer, konnte fich aber
nicht entfchließen, fich um das, was fie kleinliche Sachen
nannte, zu bekümmern.

So lange mein Vater bei uns war, hatte er für Alles
geforgt, auch gab es in dem abgelegenen Schloffe wenig
Gelegenheit Geld auszugeben, im nahen Städtchen kannte

Hahn, der Verfchwundene.　　　　　7

man Luxusartikel nicht, in Genf war es schon anders. Meine Mutter ging oder fuhr aus, denn Equipage hatten wir auch, und nicht selten kaufte sie theure Bücher, Kupferstiche, Gemälde, ohne zu überlegen, daß sie es nicht ohne Opfer bezahlen konnte.

Jetzt hatte ich das Geld, und meine Mutter war auch zufrieden wieder Alles wie zu meines Vaters Zeiten zu haben.

Von ihm sprach sie viel, und es war ihre liebste Arbeit mehrere seiner literarischen Werke in das Deutsche zu übersetzen.

So gingen wieder einige Jahre dahin, ich war zur Jungfrau aufgeblüht und man nannte mich eine Schönheit."

Die alte Dame stand auf, öffnete einen Wandschrank und nahm ein Miniaturportrait heraus.

„Sehn Sie, lieber Emil," sagte sie lächelnd, „hier haben Sie das vollkommen ähnliche Gesicht ihrer alten Freundin, wie es mit siebzehn Jahren aussah. Ich glich meiner Mutter vollkommen, nur die dunkelbraunen Augen hatte ich von meinem Vater.

Meine Mutter sagte zuweilen: „was wird einst Dein Schicksal sein, armes Kind!"

Wir lebten sehr einsam, nur beim Gottesdienste kamen wir mit vielen Menschen zusammen, dennoch wurde ich bemerkt, aber alle Bewerber blieben mir gleichgültig. End=

lich erschien ein junger, schöner Mann, welcher sich Graf
von M... nannte, und wußte sich Zutritt in unser Haus
zu verschaffen. Er bewarb sich um mich, ich — o wie liebte
ich diesen Mann — gab ihm das Jawort.

Hier nun zeigte sich die Umsicht, Geistesgegenwart und
Energie, welche meine Mutter bei allen wichtigen Vorgän-
gen entwickelte. Sie fragte ernsthaft und sehr genau den
Grafen nach seinen Familienverhältnissen, er sagte, er habe
keine Eltern, hänge von Niemanden ab, wolle sich in der
Schweiz niederlassen; doch sagte er Alles in einer etwas
befangenen Art und Weise.

Wir sprachen stets Französisch, eines Abends jedoch,
als der Graf Thee bei uns trank, redete meine Mutter
Deutsch, und folglich antwortete er in dieser Sprache. Sie
betrachtete aufmerksam seine Augen, besonders sein Profil.
Endlich fragte sie ihn fest anblickend: „kennen Sie den
Herzog von S...?"

Er wurde glühend roth.

„Warum verschwiegen Sie mir, daß er Ihr Vater ist?"

„Verzeihung, gnädige Frau, ich fürchtete Sie würden
mir dann Alphonsinens Hand versagen!"

„Und weiß Ihr Vater von dem Schritte, den Sie
thun wollen?"

„Nein, allein ich bin nicht der Erbprinz, ich kenne ihn,

7*

zu einer geschehenen Sache würde er Nichts weiter sagen, als —"

„Ich kenne ihn auch! Er würde meine Tochter nie= mals als Prinzessin von S . . . anerkennen, und bald würde sie alles Unglück zu erdulden haben, was aus sol= chen geheimen Ehen entspringt, denn wahrscheinlich woll= ten Sie sich heimlich mit meiner Tochter trauen lassen."

„Vor der Hand, doch später —"

„Nicht weiter, Sie sehen heute meine Tochter zum letzten Male!"

Er wurde todtenblaß, mir stürzten die Thränen aus den Augen, er kniete vor meiner Mutter nieder und bat sie auf die rührendste Weise, mein und sein Lebensglück nicht zu zerstören, endlich fing auch sie zu weinen an, und erklärte, sie wolle sofort an seinen Vater schreiben, willige er in die Verbindung, so würde auch sie uns ihren Segen geben.

Binnen vierzehn Tagen hatten wir Antwort. Der Herzog dankte meiner Mutter in den hochachtungsvollsten Ausdrücken für ihre Aufrichtigkeit und — Prinz Leopold ward nach Hause berufen. Er sagte mir Lebewohl mit einem Tone, als ginge er in den Tod, ich glaubte zu sterben; meine arme Mutter litt unsäglich.

Sie kam auf die Idee, daß Reisen mich zerstreuen würden. Wir verkauften Haus und Garten sehr vortheil= haft und gingen in das Ausland.

Meine Mutter kannte mich aus sich selbst, sie verstand den Stolz meines Wesens, wie ich später den ihrigen. Ihre Liebe zu meinem Vater war schwächer geworden seit dem Tage, wo er ihr zum Vorwurf gemacht hatte, daß sie an ihn geschrieben hatte, meine Mutter theilte mir mit, daß Prinz Leopold sich verlobt habe, wenig Monate nach der Trennung von mir, und — daß er seine Braut liebe.

Das glaubte ich nicht, sie aber wollte mich ganz heilen und reiste mit mir in die Residenz, verschaffte mir Gelegenheit ihn zu sehen, und dasselbe Lächeln der innigsten Liebe, mit welchem er sonst auf mich schaute, war jetzt ihr, der schönen, hohen, bewunderten Prinzessin zugewandt.

Zu meiner Mutter sagte ich: „entweder bin ich ganz vergessen oder er ist durch und durch falsch!“

„Alle Männer seines Geschlechtes sind ehrgeizig, treulos gegen Frauen, und fähig, mehr als Eine zu gleicher Zeit zu lieben, obgleich sie glänzende Eigenschaften besitzen,“ sagte meine Mutter, „er würde, wärst Du mit ihm vermählt worden, in wenig Jahren Dir das Loos einer verlassenen, verstoßenen Frau bereitet haben.“

Ich war von meiner Liebe geheilt!

Meine Mutter erfuhr, daß ihr ältester Sohn auf den Thron gekommen war, sie hatte jetzt nichts mehr in *.* zu fürchten und reiste hin, ihn zu sprechen.

Sie erbat und erhielt eine Audienz bei ihm.

Sie war, als sie ihn sah, in großer Bewegung und vermochte lange nicht zu sprechen. Als Knaben von sieben Jahren hatte sie ihn zum letzten Male gesehen, als gereisten Man sah sie ihn wieder. Auch er betrachtete sie lange, es schien, als erinnere er sich dunkel ihrer Stimme, denn ihre gealterten Züge konnten ihm nicht das Bild seiner schönen, jungen Mutter zurückrufen.

Sie entdeckte ihm endlich Alles und empfahl mich seinem brüderlichen Schutze.

Zu lange hatte er sie nicht gesehen, sie war ihm fremd geworden, der Stolz der Prinzen von *⁎* regte sich in ihm, er hörte sie ruhig bis zu Ende, endlich sagte er kalt: „Madame, ich halte Sie nicht für eine Frau, welche mich absichtlich täuschen will, sondern für krank. Ich kann, werde, will Nichts glauben, was das Andenken meines Vaters befleckt, aber ich habe Mitleid mit Ihnen, und wollen Sie unter Ihrem bisherigen Namen ruhig, sich aller wunderlichen Träume entschlagend, hier leben, so will ich Ihnen ein Haus in meinem Lande geben und für das junge Mädchen sorgen."

Meine Mutter schüttelte heftig den Kopf und verließ schweigend das Schloß.

Bald nachher erkrankte sie und starb in C. bei *⁎*.

Einige Stunden vor ihrem Ende erzählte sie mir ihre Lebensgeschichte. Dann schrieb sie noch einen Brief

an ihren ältesten Sohn, welchen ich vor ihrem Tode ab=
sandte.

Ich erbte den Rest ihres Vermögens und verließ *,*.

Eine große Summe, welche mein hoher Halbbruder mir
sandte, ließ ich an ihn zurückgehen, denn aus seiner
Theilnahme schloß ich, daß er mich für seine Schwester
hielt.

Ich verband mich aus aufrichtiger Hochachtung und
Liebe mit einem österreichischen Offizier, Oberst Haag.
Unsere Ehe war eine glückliche. Unsern Sohn verloren
wir im sechsten Lebensjahre, eine früher geborne Tochter
hatte ein eigenthümliches Geschick.

Ich selbst sah den Prinzen Leopold mehrere Jahre
später als Wittwer wieder, er kannte mich sogleich und
kam auf mich zu. Auch ich war fast nach zwölfjähriger
glücklicher Ehe Wittwe, und zum zweiten Male, jetzt völlig
unabhängig, denn sein Vater war längst todt, bot er mir
die Hand, aber ich schlug sie aus, obgleich sein Anblick,
die Liebenswürdigkeit seines Wesens, mich wieder hinriß.
Ich hatte erkannt, welch eine Reue der empfindet, der zu
tief über, oder zu tief unter seinem Stande heirathet, nur
kein geheimes, von der Welt nur halb anerkanntes Bünd=
niß, keine Ehe ohne elterlichen Segen!

Ich hatte weise gehandelt, auch er gelangte später auf
den Thron, und vermählte sich zum zweiten Male mit
einer königlichen Prinzessin.

Meine Tochter wurde als kaum erblühtes Mädchen von einem jungen Manne geliebt, der — ebenfalls ein Prinz von S . . . war. Unerbittlich streng trat ich gegen das liebende Paar, und that Recht. Meine Louisa wurde die verehrte, geliebte Gattin eines würdigen Mannes, er war Offizier, aber bürgerlicher Herkunft.

Beide liebten und lebten drei glückliche Jahre, Beide starben wenige Monate nach einander, ich habe Beiden gelobt — doch, das gehört nicht hierher.

Der Prinz von S . . ., welcher meine Tochter liebte, gab ebenfalls bald nach der Trennung von ihr, dem Ehrgeize Gehör, er nimmt eine glänzende, von Vielen beneidete, in Wahrheit aber keineswegs beglückende Stellung ein.

Vor dreißig Jahren erhielt ich ein Packet vom Gericht zu Paris. Es war das Testament meines Vaters, der nach der Trennung von meiner Mutter, todt für sie und mich, noch mehrere Jahre sie überlebt hatte.

Ich erhielt seinen Nachlaß. In seinen Tagebüchern fand ich den Schlüssel zu seiner Handlungsweise. Er hatte wohl meine Mutter nie wahrhaft geliebt; Wohlgefallen an ihrer Schönheit, Eitelkeit, Phantasie, Ritterlichkeit und Mitleid hatte er eine kurze Zeit für Liebe genommen, und, als er die Selbsttäuschung erkannte, und sie selbst, bei aller Neigung zu ihm, nicht glücklich sah, hatte er uns verlassen!

Ich hatte meine Liebsten begraben, ich sehnte mich hierher, wo ich geboren worden war, als glückliches Kind gespielt hatte. Durch den ehemals Geliebten erhielt ich die Erlaubniß vom Herzoge von S..., ungestört hier leben zu können, und das Plätzchen unter dem großen Kastanienbaume ist von mir zu meiner Ruhestätte bestimmt." —

„Haben Sie Dank, theure, verehrte Frau, für diese Mittheilungen. Was haben Sie erlebt, wie märchenhaft und doch wie einfach klingt Alles. Ich errathe die Namen, welche Sie verschwiegen haben!"

„Lassen wir sie unausgesprochen, lieber Emil!"

„Und morgen, morgen schon, soll ich Sie verlassen!"

„Ja, morgen, auch ich werde Sie vermissen, mehr als Sie mich alte Frau, aber es muß sein, Sie dürfen sich nicht länger der Welt entziehen!"

„Ja, ich muß gehen, aber in einiger Zeit darf ich doch wieder kommen, zum Besuch?"

„In zwei Jahren, mein lieber Emil, und finden Sie dann mich nicht mehr, so begrüßen Sie mein Grab!"

Er drückte ihre Hand an seine Lippen lange und innig.

„Lassen Sie uns den Abschied kürzen, und Gott segne Sie!"

Nach diesen Worten legte die würdige Dame ihre feine Hand auf Emil's Locken und trat zurück.

Er verließ das Gemach mit tiefer Wehmuth, zum
ersten Male in seinem Leben hatte er das Wohlthuende
einer warmen, uneigennützigen Mutterliebe gefühlt, kaum
dieser Liebe theilhaftig geworden, sollte er sie schon wieder
entbehren.

Siebentes Kapitel.

Wiederbegegnen.

Das Jagdschloß lag so zwischen den Felsen, daß man
mit dem Wagen nicht heran konnte, man mußte entweder
reiten, oder eine kleine Viertelstunde gehen, ehe man auf
fahrbaren Weg kam.

Christoph hatte für den lieben jungen Herrn, wie er
ihn nannte, ein Gefährt aus Linderode bestellt, welches
ihn des Morgens acht Uhr erwarten sollte, er selbst wollte
um sieben Uhr geweckt sein, um dann, ohne die Haus=
frau noch einmal zu sehen, fortzuwandern.

Die an das Abentheuerliche, ja fast Unglaubliche gren=
zende Erzählung aus dem Leben der Frau Haag, beschäf=
tigte seinen Geist so lebhaft, daß er lange Zeit nicht ein=
zuschlafen vermochte. Erst gegen Morgen sank er in ei=
nen tiefen Schlummer, und als Christoph leise mit dem
Lichte in das Gemach trat, Feuer im Kamin machte, dann
an das Bett kam, brachte er es nicht über das Herz, den

Schlaf des jungen Mannes zu stören. Er lag so schön
da, mit dem Ausdrucke des Friedens in den edlen Zü=
gen, so daß der alte Mann, welcher viel in der Welt ge=
sehen hatte, und eine weit über seinen Stand gehende
Bildung besaß, ihn wohlgefällig betrachtete ohne das ge=
ringste Geräusch zu machen.

Endlich wachte Emil auf, aber obgleich er sich beeilte,
war es doch schon über neun Uhr, ehe er die Stelle im
Walde erreichte, wo er den Wagen finden sollte.

Der Kutscher war zur bestimmten Zeit dagewesen und
hatte lange gewartet, aber seine jungen Rappen wollten
nicht mehr stehen, und in dem Glauben, der Herr werde
nun gar nicht mehr kommen, fuhr er brummend auf Lin=
derode zu, mit dem Vorsatze, sich schon von Christoph da=
für bezahlen zu lassen.

Es war ein frischer, heller Decembertag und der mit
Eis und Schnee bedeckte Tannenwald wunderbar schön für
den Freund norddeutscher Landschaft.

Emil, obgleich ihm der Abschied von Frau Haag weh
that, fühlte doch den stärkenden Einfluß der frischen Luft
und des blauen Himmels, sein Ränzchen war nicht schwer,
er liebte Fußtouren, folglich war ihm das Ausbleiben des
Wagens nicht unangenehm.

Ein's seiner Lieblingslieder leise vor sich hinsingend,
schritt er weiter bis zum Eichentempel, sich jenes Abends
erinnernd, wo er die Bäume beleuchtet vom Mondstrahl

im Blätterschmucke gesehen hatte. Kein menschliches We=
sen war ihm begegnet und hier sah er kleine Fußtapfen,
wie von einem zierlichen Frauenstiefelchen, er fand einen
duftenden Glacehandschuh, ganz frisch, als sei er eben ei=
ner feinen Hand entfallen. Nachdenklich hob er ihn auf
und schritt weiter.

Zu derselben Zeit saß Frau Haag in der Epheulaube
ihres Wohnzimmers in ihrem Lehnstuhle, sie öffnete das
Fenster, das Gesicht im frischen Luftstrome zu baden, und
von Zeit zu Zeit wandte sie den Kopf, als lausche sie
auf Tritte eines lieben Wesens.

Es giebt Naturen, welche ein großer Schmerz auf im=
mer beugt, sie erholen sich geistig niemals wieder, und bei
jedem neuen Leide klagen sie lebhafter und länger. Da=
gegen giebt es auch seltene Charaktere, welche, haben sie
den ersten großen Lebensschmerz überwunden, fest und
muthig die Streiche des Schicksals aushalten, und dem
Leben immer wieder die beste Seite abzugewinnen wissen.

Zu diesen, allerdings selteneren Naturen gehörte Frau
Haag. Sie hatte den Prinzen Leopold nicht nur mit der
ganzen Frische und Schwärmerei der ersten Liebe bewun=
dert, fast angebetet, sie hatte auch in geistiger innigster
Vereinigung mit ihm gelebt. Zwischen diesem jungen
Paare hatte ein fortwährender, interessanter Austausch von
Ideen stattgefunden, den einerseits vollkommenste Ueber=
einstimmung des Geschmackes, anderseits verschiedene

Auffassungsweise doppelt anziehend gemacht hatte. Stets
hatten sie einander etwas zu sagen; und als mit einem
Male der Mann, an dessen Seite Adolphine durchs Leben zu gehen hoffte, sie verließ, als sie sah, daß ihm
äußerer Glanz mehr galt als die schönste Liebe, da
empfand sie einen Schmerz, wie ihn nur Frauen ihrer
Art empfinden können.

Der Tod ihrer Mutter that ihr weh, aber sie tröstete
sich, sie verlor einen Sohn, eine eben so geliebte Tochter,
sie sah den Gatten sterben, der sie zärtlich geliebt, für
welchen sie die treueste Freundschaft empfunden hatte, aber
immer wieder erhob sich ihr elastischer Geist, den der erste
härteste Schlag nicht hatte zermalmen können.

Mit großer Liebe umfaßte sie ihre Enkelin, welche sie
an ihre eigene Jugend erinnerte, und ihr in Bezug auf
Geist und Gemüth auffallend glich.

Ihr wollte sie den herbsten Lebensschmerz ersparen,
sie wenigstens sollte das Glück genießen, welches bisher
noch keiner Frau ihres Geschlechts ungetrübt zu Theil geworden war.

Erfahrungen hatten Frau Haag gelehrt, daß Ehen in
den höchsten Ständen sehr traurig sein können, daß Bünd-
nisse, wo große Standesunterschiede sich geltend machen,
nur kurze Zeit beglücken, und daß der am zufriedensten
lebt, der fern von dem Getriebe der großen Welt, sein
Leben in ländlicher Stille hinträumen kann.

So hatte auch Cornelia's Vater gedacht, und die Großmutter glaubte in dessen Sinne zu handeln, und des schönen Mädchens Glück fest zu begründen, wenn sie es mit
dem braven, liebenswürdigen Franz verlobe, dessen äußere
Verhältnisse zu denen des Waldkindes stimmten.

Frau Haag war durch Erfahrung philosophisch geworden, durch Annehmlichkeiten, welche sie sich zu bereiten
wußte, suchte sie sich die Bitterkeiten des Lebens zu ver-
süßen, und deshalb hatte sie Cornelia's Rückkehr den
Tag nach ihrer Abreise festgesetzt. Sie hatte schon das
Trennungsweh von ihrem lieben Gaste überwunden, und
erwartete mit freudigem Herzen ihre Cornelia.

Jetzt vernahm das feine Ohr der alten Dame das
Rauschen eines Gewandes, den leichten, wohlbekannten
Tritt, die Thüre ward leise aufgemacht, und frisch wie eine
Rosenknospe im Morgenthau, lag Cornelia in den Armen
der Großmutter.

„Hab' ich Dich wieder, mein Püppchen," sagte sie
lächelnd, und so fröhlich wie ein junges Reh.

„Und sollst mich auch behalten, Großmama. Gewiß
war es auf Reisen recht schön, ich habe Vieles gesehen,
aber am besten ist es doch bei Dir, und ich gehe nimmer wieder von Dir fort."

„Nun, nun, Kind, das sind so zärtliche Redensarten,
der Tag kommt doch, wo Du gehst —"

„Nur heut sprich nicht davon, ich bitte schön!"

„Und was hat Dir denn von Allem was Du gese:
hen hast, am meisten gefallen?"

„O, Du weißt es wohl nicht, daß wir auf der Rück:
reise einen Umweg über Nürnberg gemacht haben. Dort
sah ich die Lorenzer Kirche und wurde nicht müde sie zu
bewundern, weil Alles an ihr von Innen und Außen
tabellos ist. Ich glaube sie ist aus diesem Grunde ein
Meisterstück, das wenige seines Gleichen hat. Immer hat
mich diese Kirche an unsern Wald erinnert, der auch in
Allem so schön ist, von den alten Eichen und Tannen an
bis herab auf die Waldlilien und Mose."

Die Großmama schaute mit Wohlgefallen auf das
reizende Geschöpf; Cornelia hatte schon in ihrem Zimmer
die Reisekleider abgelegt gehabt, und sah in dem dunkel:
blauen Gewande von weichem feinen Wollstoff und dem
weißen Stuartkragen bezaubernd aus, ihr volles Haar war
nach griechischer Weise im Nacken in einen Knoten ge:
schlungen, ein Pfeil von ächtem Golde hob die Farbe der
seidenartigen Flechten.

„Im Theater warst Du auch, Waldvögelein," hob
Frau Haag nach einer Pause an, „was hast Du gehört
und gesehen?"

„Den Freyschütz. Diese Musik hat mich ganz glück:
lich gemacht, und dann, Großmama, Romeo und Julia.
Diese Dichtung erschloß mir eine neue Welt, mich selbst
habe ich durch sie erst kennen gelernt. Niemals habe ich

es für möglich gehalten, daß ich einen wichtigen Schritt ohne Deinen Willen thun, daß ich einen Mann mehr als Dich lieben könnte; aber als ich dieses Drama sah, ist es mir klar geworden, daß es doch für das Frauenherz kein höheres Glück giebt, als eine solche Alles vergessende, Alles, Verbannung und Todesgrauen besiegende Liebe! Und wie herrlich stellte Emil Devrient den Romeo dar, o, wie lebhaft erinnerte er mich an —"

Cornelia schwieg. Frau Haag hatte mit bangem Interesse diese Rede angehört, scheinbar ruhig sagte sie: „auch mich hat vor Jahren seine Darstellungskunst entzückt. Es ist wahr, seine Gestalt erinnert an Franz."

„Etwas, Großmama; aber sein Profil, seine Stimme, eine gewisse Poesie in seiner Erscheinung mahnte mich lebhaft an den jungen Mann, der im Herbst in der Nähe des Schlosses verwundet ward. Als Devrient das erste Wort sprach, war es mir, als richte jener Fremde die Rede an mich!"

„Einbildung, Cornelia, Du bist eine poetische Natur und phantasirst," und wie scherzend fügte sie hinzu, „der arme junge Mann, es war ein Glück, daß er lebend davon kam. Vielleicht ist er in diesem Augenblicke bei seiner Braut."

Indem sie dies sagte, erglühte Cornelia, denn im Spiegel zeigte sich ihr eine unvergeßliche Erscheinung. Geräuschlos hatte sich die Thüre geöffnet, und eine wohllau-

tende Stimme rief: „Verzeihung, verehrte Frau, Ver=
zeihung, aber ich mußte noch einmal wiederkehren!"

Frau Haag konnte ein unwillkührliches „Ach!" der
Ueberraschung nicht zurückhalten. In ihren Zügen mochte
sich wohl etwas Unwille kund geben, denn Emil sagte im
herzinnigen Tone: „ich sehe, Sie sind mir böse, meine
gnädige Frau, ich wollte Sie nicht erzürnen, und bestrafe
mich augenblicklich selbst, indem ich Sie verlasse. Ver=
zeihen Sie und leben Sie wohl."

Er wandte sich, nachdem er sich von beiden Damen
entfernt hatte, zum Gehen.

Dieser Gehorsam entwaffnete Frau Haag, auch hatte
ein Blick auf das verklärte Gesicht Cornelia's ihr genug
gesagt, deshalb rief sie zwischen Unmuth und Herzlichkeit
schwankend: „aber mein Gott, Emil, wo kommen Sie
denn her, ich glaubte Sie schon hinter Linderobe auf der
Eisenbahn!"

„Strafen Sie mich, gnädige Frau, dann aber ver=
zeihen Sie auch. Erst habe ich zu lang geschlafen, dann
fand ich den Wagen nicht, unweit von Linderobe erin=
nerte ich mich, daß ich mein Tagebuch hier vergessen hatte,
nicht ahnend, daß ich hier so unwillkommen sein, nicht
ahnend, daß ich hier in Wirklichkeit sehen würde, was ich
bisher nur für ein schönes Traumbild hielt."

„Meine Großtochter, Cornelia Imhof, eben von der

Hahn, der Verschwundene.   8

Reise zurückgekehrt, die sie mit den Verwandten ihres Bräutigams gemacht hat," sprach sehr gemessen die Hausfrau.

Emil richtete bei diesen Worten einen wehmüthig fragenden Blick auf Cornelia, die einen Schritt hinter der alten Dame stand. Das Mädchen schüttelte langsam den Kopf, Emil lächelte, und fuhr fort, als ob ihn diese Nachricht gar nicht störe: „Braut? Dann wünsche ich dem Fräulein das vollkommenste Glück, und nicht wahr, liebe, gnädige Frau, ich darf der Brautführer sein?"

„Wenn Cornelia nichts dagegen hat und der Bräutigam einwilligt, dann wende auch ich natürlich nichts ein!" versicherte die Großmama, welcher das Mienenspiel Cornelia's entgangen war.

„Und so muß ich denn zuerst Sie fragen, Cornelia, wollen Sie diese Hand annehmen, Sie zum Altare zu geleiten, eine feste, treue Manneshand? Hier, die Großmama kennt mich, sie wird für mich gut sagen."

Frau Haag blickte von Emil zu Cornelia, von den Mädchen auf den jungen Mann und rief jetzt, mit einer Strenge, die offenbar gezwungen war: „wozu eine Scene? Warum soll Cornelia Sie nicht zum Brautführer nehmen, wenn Sie nehmlich in drei Wochen noch hier sind."

Cornelia wollte das Gemach verlassen, Emil aber faßte ihre Hand, und indem er vor der alten Dame niederkniete, sagte er in einem Tone, der auch diese so innig

wie das junge Mädchen rührte: „Laſſen Sie mich wahr ſein,
ich will, ich kann an Cornelia's Verlobung nicht glauben.
Ich habe Sie geliebt als ich Sie zum erſten Mal ſah,
ich vermochte es nicht, die holde Erſcheinung aus meiner
Seele zu verbannen. Mein Herz ſagt mir, daß auch
Cornelia mich liebt und daß eine höhere Macht uns zu=
ſammenführt. O, gnädige Frau, Sie nannten oft unſre
großen Dichter die größten Menſchenkenner, wollen Sie
Schiller's Worte auf Cornelia und mich nicht auch an=
wenden?"

> „Das iſt der Liebe heil'ger Götterſtrahl
> Der in die Seele ſchlägt, und trifft und zündet,
> Da iſt kein Widerſtand und keine Wahl
> Es löſt der Menſch nicht, was der Himmel bindet."

„Aber, wenn ich auch wollte, denn bei Gott Emil, ich
liebe Sie wie einen Sohn, es iſt nicht möglich, Cornelia iſt
verlobt, ſie ſelbſt wird es Ihnen ſagen —"

„Nur die Wahrheit, beim ewigen Gott, nur die Wahr=
heit, und mag daraus entſtehen was da will. Ich kenne
dieſen Mann nicht, aber ich glaube, daß er gut, gerecht
und muthig iſt, daß er das höchſte Vertrauen verdient.
Ich weiß nicht, ob ich ihn liebe, ob ſeine Liebe zu mir, von
welcher er ſpricht, eine tiefe, dauernde ſein wird; aber das
iſt mir klar, ſeit ich ihn geſehen habe, fühlte ich, daß ich
Franz nur wie eine Schweſter liebe, und nimmer, nimmer
werde ich ſeine Gattin werden!"

8 *

Emil blickte sie mit glücklichem Lächeln an, dann wandte
er sich an Frau Haag, „glauben Sie mir, verehrte Frau,"
sprach er, „nicht der Zufall, mein Schicksal hat mich hierher geführt, ich will Sie nicht bestürmen, nicht heute oder
morgen bitte ich Sie um Ihren Segen, ich flehe nur,
gestatten Sie mir, um Cornelia's Herz zu werben, und
erlauben Sie dem Fräulein ein Band zu lösen, welches nicht
sie selbst, welches Andre für sie knüpften. Theure, verehrte Frau, können Sie, gerade Sie, sich so schwer entschließen,
die Rechte des Herzens anzuerkennen?"

„Ich liebe Sie, Herr Hochberg, aber ich kenne Ihre
Verhältnisse nicht, ich weiß nicht, ob Ihre Liebe zu meiner
Enkelin so treu und unwandelbar sein wird, wie die Liebe
Franzens. Sie haben sich mir als wohlhabenden Mann, als
Landschaftsmaler vorgestellt, ihr Benehmen ist das eines gut
erzogenen Künstlers, welcher in der besten Gesellschaft gelebt
hat, natürlich würden Sie Cornelia mit sich fort nehmen.
Aber Künstler, Männer aus der großen Welt, lieben selten
treu, Franz hat nicht Ihren glänzenden Geist, aber er
wird meine Cornelia bis an das Ende seines Lebens auf
den Händen tragen, und sage selbst Cornelia, mit welchem
Gesicht soll ich vor Franz, vor seinen Vater treten?"

„Ich selbst werde mit Franz sprechen, Herrn Eisen-
mann habe ich nichts zu sagen. Franz ist jung, die ganze
Welt steht ihm offen, er wird nicht ein Mädchen zur
Frau haben wollen, das ihn nicht liebt. Er verdient eine

Lebensgefährtin, die ihm innig ergeben ist, und wird sie auch bald finden!"

Frau Haag stützte den Kopf in die Hand, einzelne Thränen rannen über ihre bleichen Wangen.

Cornelia rief erschüttert: „o Großmama, weine nicht, sonst treibst Du mich zu Allem!"

Da trocknete die alte Dame ihre Augen und sagte: „ich sehe wohl, selbst die sorglichste Liebe, wird Dir, armes Kind, die Stürme des Herzens nicht ersparen. Ich beweine nicht meine untergegangenen Lieblingspläne, ich — doch lassen wir das. Franz wird heute kommen, ich werde mit ihm reden, glaube mir, aus meinem Munde wird es ihm weniger weh thun. Werben Sie denn um Cornelia's Herz Emil, ich sehe, Sie werden es nicht vergeblich thun, bedenken Sie aber, daß mein ganzes Streben dahin ging, das reine, liebe Geschöpf vor Herzenskummer zu bewahren, und vergessen Sie nicht, daß nicht Cornelia allein, daß auch ich dereinst ihr Glück von Ihnen fordern werde!"

„Dank, theure Frau, innigen Dank für diese Erlaubniß, und möge mich Gott vergessen, wenn ich jemals etwas thue oder unterlasse, was Cornelia's helles Auge trüben könnte."

Emil blieb im Schlosse, Franz hatte eine lange Unter= redung mit Frau Haag gehabt, und war niedergeschlagen von ihr geschieden. Cornelia wollte er nicht mehr sehn, und in der Gegend erzählte man nach Neujahr, Ober=

försters Franz sei auf Reisen gegangen und das schöne
Waldfräulein sei die Braut eines Fremden. Nach der
Erzählung Einiger sollte dieser ein Prinz sein, Andre,
unter diesen die Schwester des Oberförsters, schüttelten die
Köpfe und fürchteten: der Fremde sei ein Abenteurer und
Frau Haag werde bald bitter zu bereuen haben, daß sie
diesem Ausländer so viel Vertrauen schenke.

Achtes Kapitel.

Der Verschwundene.

An einem milden Apriltage saß im Schlosse zu Bieberach
die Gräfin in dem großen Salon des Erdgeschosses. Die
hohe Glasthür, welche auf die Terrasse hinaus führte, war
geöffnet und ein leiser Lufthauch führte den Duft der
Hyacinthen, Veilchen und Narzissen, welche in reicher Fülle
auf großen Beeten in der Nähe des Schlosses blühten, in
den Salon.

Der Gräfin gegenüber hatte ein junger Mann ebenfalls
in einem bequemen Lehnstuhl Platz genommen, er trank
behaglich seinen Kaffee und schien sich wenig um die
Gräfin zu kümmern, welche ihre Tasse kaum halb geleert
zurück schob.

Endlich brach die Dame das Schweigen: „was denken
Sie zu dem Allen, Arthur,“ sagte sie, „was läßt sich thun?“

„Gnädige Tante, Sie haben, wie ich sehe, die Absicht, mir Ihr Vertrauen zu schenken, ich fühle mich davon sehr geehrt, allein ein halbes Vertrauen kann mich nicht in den Stand setzen, Ihnen in dieser delicaten Sache einen ganzen Rath zu ertheilen."

„Als ob man einem Diplomaten Alles haarklein aus= einanderfetzen müsse?"

„Doch, liebe Tante, ich bin nur ein Legationsrath und meinem Gesandten beigegeben, ein mittelmäßiger Diplomat, glauben Sie mir aber, selbst ein Metternich, ein Taylleranb, würde ganzes Vertrauen wünschen, daß ich es nicht mißbrauchen werde, versichere Ihnen auf Ehre."

„Bester Arthur, als ob ich Ihre Verschwiegenheit in Zweifel zöge, ich habe nur die ganze fatale Geschichte nicht wieder erzählen wollen, weil ich mich jedesmal dabei ereifere, ärgere, doch — es muß sein. Wollen Sie mich gedulbig an= hören, lieber Arthur?"

„Ich bin ganz Ohr, gnädigste Tante!"

„Sie wissen, daß ich mit den Herzögen von S . . . nicht entfernt verwandt bin, wenn ich einigen Familienstolz habe, ist er mir wohl zu verzeihen?"

„Sicherlich, bin ich doch selbst nicht frei davon, wenn ich auch nur der unbegüterte Baron Reyhof bin."

„Bieberach ist eine schöne Herrschaft, und mein Sohn ein Mann, der schon um seiner Persönlichkeit willen Ansprüche machen kann."

Der Blick der Gräfin ruhte bei diesen Worten auf einem Porträt, welches einen schönen jungen Mann darstellte, das Original war aber noch einnehmender und schöner. „Gewiß,“ sagte der Baron, „mein lieber Cousin ist ein Mann, der selbst in London und Paris unter den schönsten Männern auffiel und dem alle Frauenherzen zuflogen.“

„Fänden Sie es nicht sehr vernünftig von ihm, wenn er sich mit Klothilde Barnefeld verheirathete? Sie ist jung, schön, von guter, alter Familie —“

„Ganz richtig, gnädige Tante, und da die Herrschaft Barnefeld kein Mannlehen ist, so fällt ihr dieselbe nach dem Tode ihres alten Großvaters zu.“

„Barnefeld grenzt an Bieberach, beide Güter vereint bildeten ein kleines Fürstenthum.“

„Bieberach ist schon so groß als manches kleine Fürstenthum, und durch Ihre Verbindungen könnte sich der junge Graf auf Bieberach und Barnefeld in den Fürsten von Bieberach verwandeln.“

„So denke ich. Ich gewann den seligen Grafen für die Idee, er und ich sprachen mit unserm Sohne darüber, und er schien nicht abgeneigt, denn Klothilde ist liebenswürdig, und obgleich mein Sohn an Geld und Gut nicht denkt, so ist er doch keineswegs ohne Ehrgeiz.“

Der Diplomat lächelte, er kannte seinen Vetter anders.

„Das erste Jahr nach meines Gemahls Tode, schwieg

ich über diese Pläne, unsre Trauer war zu groß. Als
mein Sohn aber von seiner Reise aus Südeuropa zurück
kam, die äußern Zeichen der Trauer abgelegt hatte, ruhiger
geworden war, sprach ich wieder von Klothilden zu ihm,
und er sagte lächelnd, als ich ihm fragte, ob er sein Herz
völlig frei von seinen Reisen zurückgebracht habe, hier, auf
dieser Stelle:

„Völlig frei, Mama, mein Herz ist nicht so leicht zu
gewinnen, und wenn ich mich mit andern jungen Männern
vergleiche, welche so leicht von einem hübschen Gesichte
bezaubert werden, muß ich auf die Idee kommen, daß ich,
der ich stets kalt bleibe, entweder keiner Liebe fähig bin
oder mich am Ende so wahnsinnig verliebe, wie es heut zu
Tage fast nicht mehr vorkommt.“

„Ich glaube der liebe Cousin kennt sich!“

„Ich sprach mit dem alten Barnefeld, er war auf das
Freudigste von meinem Plane überrascht, ich sondirte
Klothilden, ihr Erröthen, ihr strahlendes Auge sagte mir
genug, weil ich aber weiß, daß mein Sohn bei aller Ver-
nunft doch einen gewissen Hang zur Schwärmerei hat,
drang ich nicht weiter in ihn; ich machte mit ihm einen
nachbarlichen Besuch bei Barnefeld, die jungen Leute
wandelten mit einander im Garten umher, und als ich auf
dem Heimwege meinen Sohn fragte, wie ist Dir Klothilde erschienen, erwiederte er mit der größten Aufrichtigkeit: „liebenswürdig und achtbar!“

„Hm!"

Den andern Tag, als er im Garten einen ausgesucht schönen Agapantus sah, befahl er dem Gärtner ihn nach Barnefeld zu senden, mit seinem gehorsamsten Empfehl an die junge Gräfin."

„So! Nun, weiter wenn ich bitten darf, gnädige Gräfin!"

„Das Benehmen meines Sohnes befriedigte mich im höchsten Grade, ich sah schon im Geiste alle meine Wünsche erfüllt, da sagte er mir eines Abends etwas zärtlicher als gewöhnlich gute Nacht, und am andern Morgen bringt mir der Kammerdiener, den er immer auf Reisen mit hatte, ein Billet von seinem Herrn, in welchem er mir schreibt, was kein vernünftiger Mensch verstehen kann."

„Darf ich das Billet sehen, gnädige Tante?"

Die Gräfin erhob sich, öffnete mit einem kleinen Schlüssel einen Bücherschrank, nahm eine Mappe heraus und suchte unter vielen Papieren ein zierliches Briefchen hervor. „Hören Sie, lieber Arthur," sagte sie, „was mein Sohn schreibt:

Liebste Mama,

meine alte Wanderlust ist so lebendig in mir geworden, daß sie mich fort treibt, Du hassest Scenen, also erspare ich sie Dir. Ich muß Einkehr bei mir selbst halten, das kann ich am besten allein und in der Natur. Große

Philosophen sagen: eine oberflächliche Neigung wird schwächer, wenn man den Gegenstand nicht mehr sieht, reine tiefe, wahre, wächst in der Entfernung von demselben. Ich will sehen, ob die Philosophen recht haben. Meine Reise trete ich ohne bestimmtes Ziel an, aber nicht ohne Zweck, sorge Dich nicht um mich, beste Mama, sobald mein Zweck erreicht ist, bin ich wieder bei Dir.

Dein

Dich liebender Sohn."

„Ach!" machte der Diplomat, mehr zu sich selbst als zur Gräfin.

„Nun?" sprach diese.

„Der Brief scheint mir durchaus nicht unbeutlich. Der liebe Cousin wollte sich offenbar noch nicht an Klothilde Barnefeld binden. Er beabsichtigt, wie sein romantisches Naturel voraussehen ließ, keine Ehe ohne leidenschaftliche Liebe einzugehen, und will sich selbst prüfen, wie stark und tief seine Neigung zu Fräulein Barnefeld ist. Er kehrte nicht sobald zurück, gnädige Tante."

„Nein, bester Arthur. Längere Zeit blieb ich ohne alle Nachricht, ich wußte gar nicht wie ich die Fragen der Nachbarn beantworten sollte. Endlich, kurz vor Weihnachten schrieb er mir aus Berlin, ließ sich auch, wie ich erfuhr, durch unsern Banquier Geld hinschicken, aber — bitte Arthur, betrachten Sie es als das tiefste Geheimniß, er ist gar nicht in Berlin gewesen!"

„Ist das möglich!"

„Sicher, ich schrieb an meine Jugendfreundin, die Generalin Röll, empfahl ihr meinen Sohn, schrieb ihm selbst nach Berlin. Er antwortete mir nach einiger Zeit von Dresden aus, die Generalin dagegen sofort. Sie versicherte, meinen Sohn mit keinem Auge gesehen zu haben, Niemand aus der Gesellschaft habe ihn erblickt. Vorgestern besuchte mich der Geheimrath von Stein aus Dresden, er reiste hier durch, er hat meinen Sohn auch in Dresden nicht gesehen, und doch will dieser, seinen Briefen nach, drei Wochen in Berlin, zwei Monate in Dresden gewesen sein."

„Das ist freilich seltsam!"

„Das Schlimmste kommt noch, vor zehn Tagen erhielt ich wieder einen Brief, diesmal von Prag aus. Ich besann mich nicht lange, ließ anspannen, kleidete mich zur Reise, nahm Geld zu mir und fuhr mit dem Lorenz und Friedriken nach der nächsten Station; dort setzte ich mich in das Coupé und war mit dem Schnellzuge in achtzehn Stunden in Prag. Aber auch in Prag war mein Verschwundener nicht zu finden, selbst auf der Polizeidirection wußte man nichts von ihm, und unmuthig, gekränkt über ein so unkindliches Benehmen, kehrte ich nach Bieberach zurück."

„Jetzt fängt die Sache an räthselhaft zu werden. Was

sagen Barnefelds, wissen diese irgend etwas von dem Flüchtling?"

„Der alte Graf fragt zuweilen nach ihm, seine Tochter dagegen verliert kein Wort, Klothilde sieht blaß und niedergeschlagen aus, das arme Mädchen grämt sich offenbar, und ich habe schon oft bereut, daß ich eine Sylbe von der von meinem Gemahl und mir gewünschten Verbindung gesprochen habe.

„Besser freilich wäre es, Sie hätten dergleichen unterlassen, gnädige Tante. Sie kennen den jungen Träumer nicht, er ist eine Dichternatur, und vielleicht will er nur deshalb von der Gräfin Barnefeld nichts mehr wissen, weil er sie heirathen soll. Charaktere wie er, wollen vor der Ehe einen Liebesroman mit Hindernissen, Leidenschaft, „Hangen und Bangen in schwebender Pein", wie Göthe sagt, spielen; indeß was geschehen ist, läßt sich nicht ändern!"

„Aber was soll ich thun?"

„Nichts, beste Tante, Sie können nichts thun, Sie wissen ja nicht einmal wo der charmante junge Abentheurer ist? Wenn er durchaus unsichtbar bleiben und seinen Aufenthaltsort verbergen will, so kann ihn Niemand hindern. Er ist mündig, hat Geld genug und hinreichend Phantasie und Verstand, um seine Pläne auszuführen, übrigens ist vielleicht seine ganze Handlungsweise nichts als eine romantische Grille und mein Rath ist, ganz ruhig

feine Rückkehr abzuwarten, da man doch einen Grafen
Bieberach nicht in Zeitungen aufrufen kann, die er, steckt
er vielleicht in irgend einem Winkel, nicht einmal liest.“

„Ach, lieber Arthur, Alles das habe ich mir schon
selbst gesagt; doch das Unangenehmste wissen Sie noch
nicht. Sie kennen meines seligen Gemahls Vetter, den
Grafen Louis.“

„Oh, vollkommen, seine lange Gestalt und seine weit=
ausgreifenden Pläne. Ich müßte ein schlechter Diplomat
sein, wenn ich ihn nicht durchschaut hätte.“

„Mein Gemahl war bis in sein zwanzigstes Jahr oft
krank, deshalb dachte Louis, er würde den Vetter bald
begraben und der Erbe der Güter werden. Er war ein
stattlicher Gardeoffizier, und in der Hoffnung auf die Gü=
ter, verbrauchte er in wenig Jahren das reiche Erbtheil,
was ihm seine Mutter hinterlassen hatte. Mein Gemahl,
der die Güter erben mußte, hatte gar nichts von seiner
Mutter erhalten, als ihr Portrait und einige Andenken.
Mein Gemahl erholte sich, vermählte sich mit mir, und
meines Sohnes Geburt vernichtete seines Vetters Hoff=
nungen.“

„Das hat Graf Louis verdient!“

„Er heirathete ein reiches Mädchen, eine Vernsdorf,
mein Mann gab ihm, unaufgefordert, aus Generösität jähr=
lich viertausend Thaler. Louis nahm sie ruhig, ohne viel
zu danken, zweiundzwanzig Jahre an, und kam er zum

Besuch, so lächelte er gezwungen, wenn er seinen blühen=
den Neffen sah. Nur die Festigkeit seiner Frau erhielt
deren Vermögen wenigstens zur Hälfte, sonst hätte Graf
Louis Alles verpraßt. Voriges Jahr schlug er mir eine
Verbindung meines Sohnes mit seiner Tochter vor, ich
lehnte sie artig mit der Bemerkung ab, mein Sohn sei
schon verlobt!"

„Nannten Sie die Gräfin Barnefeld?"

„Nein!"

„Desto besser!"

„Vorigen Sonntag kam er angefahren, trat unange=
meldet hier in den Salon, und begehrte von mir in sehr
gebieterischem Tone, daß ich ihm sofort sage, wo sein Neffe
sich befände. Als ich, verletzt von seinem Tone, ihm kalt
erwiederte, daß ich auf Fragen, die in solcher Weise vor=
gebracht würden, keine Antwort geben wolle, lachte er
laut auf und sagte: „Liebe Amelie, vergiß Deinen eige=
nen Vortheil nicht, es ist besser für Deine Zukunft, Du
stellst Dich gut mit mir!"

„Ist Graf Louis bei Sinnen?"

„Doch, er sagte mir ganz ruhig, es sei ihm wohl be=
kannt, daß ich meines Sohnes Aufenthalt selbst nicht wisse.
Sein Neffe sei stets ein romantischer Narr gewesen, der
die Pflichten, welche sein Stand und Vermögen ihm auf=
lege, nicht kenne. Er habe, aller Wahrscheinlichkeit nach,
eine geheime Ehe geschlossen, und verstecke sich deshalb mit

seiner Frau; denn allerdings habe er dazu guten Grund,
einem alten Hausgesetze zufolge verliere der Graf auf und
zu Bieberach die Güter, sie fielen an den nächsten Erben,
sobald er sich mit einem Mädchen aus dem Bürgerstande
verheirathet habe."

„Das sagte Graf Louis!"

„Mit diesen Worten! und ich lebe in großer Besorgniß, daß dieser Schwager mehr weiß, als er sagen wollte,
daß mein Sohn auf dem Punkte ist eine Mißheirath zu
machen, oder wohl gar schon vermählt ist."

„Wissen Sie, beste Tante, ob ein solches Hausgesetz
vorhanden ist?"

„Nein, mein Gemahl sprach niemals davon, nur daß
weiß ich, daß seit dem Tage wo die Herren auf Bieberach
von Kaiser Carl dem Vierten geadelt und mit der Herrschaft Bieberach belehnt worden sind, keiner eines Bür-
gerstochter geeheligt hat."

„Weiß mein Cousin von dem Hausgesetze nichts, falls
es ein solches giebt, so muß er davon in Kenntniß gesetzt
werden, und zwar sobald als möglich."

„Das ist gewiß, damit er keine Thorheit begeht, die
er stets bereuen würde."

„Ob ein solches Gesetz vorhanden, ob es so abgefaßt,
daß es jetzt noch rechtsgültig ist, muß ebenfalls untersucht
werden.

„Aber wenn es nicht gemacht wurde, wie konnte mir Graf Louis damit gedroht haben?"

„Wie ich den Grafen Louis kenne, glaube ich eher, daß dieses Gesetz nicht vorhanden ist, als daß es da ist, denn in seinem Interesse läge es dann, seinen Neffen nicht zu warnen, Ihnen kein Wort zu sagen, sondern denselben ruhig eine solche Heirath schließen zu lassen, welche Louis zum Herrn hier machte."

„Sehr richtig! Gott! Wenn es schon geschehen wäre, wenn mein Sohn —"

„Das ist kaum anzunehmen, er ist wohl einer Schwärmerei, aber keiner Handlung fähig, welche sich nicht mit seiner Ehre vertrüge, und nicht der Mann sich feige zu verstecken. Hätte er sich vermählt, gleichviel mit welcher Frau, er würde sie Ihnen vorgestellt haben, denn sicher ist er stolz auf das Weib seiner Wahl, vorausgesetzt, er hat gewählt."

„Gott segne Sie für diese Trostworte, lieber Neffe."

„Ich vergesse nie, wie viel ich Ihnen schuldig bin, theuerste Tante. Alles was ich geworden bin, ich, ein armer Edelmann, hätte ich ohne Ihre gütige Unterstützung nicht werden können. Ich hätte gleich andern Söhnen unbemittelter Offizierswittwen in das Cadettenhaus gemußt, und wäre jetzt Oberlieutenant mit kleiner Gage, jetzt bin ich Legationsrath und arbeite ich so wie bisher fort, entziehen Sie mir Ihre Gewogenheit nicht, so denke

ich in wenig Jahren Ministerpräsident zu sein und dann —
noch eine vortheilhafte Heirath und ich bin am Ziele mei=
ner Wünsche. Also, gnädige Tante, befehlen Sie über
mich, ich werde Alles thun, was in meinen geringen Kräf=
ten steht, Sie zu beruhigen."

„Das bin ich überzeugt; übrigens mein lieber Arthur
schlagen Sie das Wenige, was ich für Sie that, zu hoch
an. War Ihre Mutter nicht meine Halbschwester, meiner
eigenen Mutter Kind, und ist es nicht so Arthur? welche
Fehler und Schwächen man auch uns Adeligen zuschreibt,
unseren Verwandten aufzuhelfen, vergessen wir nie=
mals."

„Darin liegt unsere Stärke!"

„Natürlich! Aber, um auf meinen Sohn zurückzukom=
men, was thun wir?"

„Ich werde heute noch im Schloßarchiv nachsehen, ob
sich etwas über das angebliche Hausgesetz findet, ferner bei
meinem Minister um einen verlängerten Urlaub bitten,
dann mich auf die Reise begeben, um nach unserm Ver=
schwundenen zu forschen."

„Wie wollen Sie seine Spur finden, Neffe?"

„Ich werde vorerst seinen Banquier besuchen, dieser
muß doch wissen, wohin er ihm das Geld zu schicken hat."

„Gut, lieber Arthur, aber Sie werden zu diesen Nach=
forschungen Geld brauchen, sie geschehen in meinem In=

tereſſe und folglich werde ich Ihnen eine Anweiſung auf
meinen Banquier geben."

"Sehr verbunden, gnädige Tante!"

Arthur begab ſich in das Archiv, wozu ihm die Gräfin
den Schlüſſel gegeben hatte, aber obgleich er ſehr ſorgfäl=
tig ſuchte, ſo fand er doch nichts, was auf ein ſolches Ge=
ſetz hindeutete. Doch konnte es möglicherweiſe auch in
dem betreffenden Gerichtshofe der Reſidenz, oder in der Haupt=
ſtadt der Provinz niedergelegt ſein, damit es nicht etwa
im Intereſſe eines der Herren auf und zu Bieberach von
dieſem ſelbſt vernichtet werden konnte.

Neuntes Kapitel.

Eine Unterredung.

Der zehnte Mai, ſelten ſo ſchön wie ihn die Dichter
ſchildern, war dieſes Jahr in Wahrheit ein Tag der
Wonne. Er ſchien viel Reiſeluſt erweckt zu haben, denn
im Warteſaal der Eiſenbahnſtation Lehmbach hatten ſich
ſehr viel Paſſagiere eingefunden, um nach Süden oder
Norden zu reiſen, denn in Lehmbach theilten ſich die Wege
und liefen nach verſchiedenen Richtungen.

Allein an einem Tiſche ſaß ein noch junger, feinge=
kleideter Mann, mit einem intelligenten Geſicht und er=
wartete den Train, der in acht bis zehn Minuten kom=

men mußte. Nicht weit von ihm standen zwei wohlgeklei=
dete Männer im eifrigen Gespräch.

„Ich hoffe," sagte der jüngere von beiden, „Ihr Herr
Sohn wird sich bald wieder so glücklich wie früher fühlen.
Was hat er denn auch an einem Mädchen verloren, welches
den ersten besten Abentheurer vorzieht, denn daß der junge
Mann ein Schwindler ist, der keinen Heller hat und auf
der jungen Dame Geld spekulirte, davon bin ich fest über=
zeugt."

„Da gehen unsere Ansichten auseinander," sagte der
ältere, „ein Mensch von armer oder geringer Herkunft
ist dieser junge Mann nicht; eben so wenig aber ein Ma=
ler von Profession, was er zu sein vorgiebt. Ich habe
in jüngern Jahren zu viel mit hohen Herrschaften ver=
kehrt, Herr Doctor, um sie nicht zu kennen, wie den Vo=
gel an den Federn. Ich halte ihn für einen Prinzen von
S..., und damit basta!"

„Was? Und ein solcher würde sich mit einem ein=
fachen Fräulein trauen lassen?"

„Warum nicht? Das ist so Prinzen Art, es haben
es mehrere seines Geschlechtes so gemacht. So ein Prinz
verliebt sich, findet Vergnügen an romantischen Schwärme=
reien, er heirathet ein schönes Mädchen, bleibt bei ihm,
so lange es ihm gefällt, und wenn er das Verhältniß zu
langweilig findet, so löst der regierende Herr, das Haupt
seiner Famalie, diese Ehe mit einem Machtspruche auf,

das arme Geschöpf bekommt ein Stück Geld hingeworfen, und wenn der Prinz sich öffentlich ebenbürtig vermählt hat, gilt die erste, kirchlich angetraute Gattin für eine Art Maitresse, und ihre Kinder für unehelich, was kann ein solches verlassenes Weib thun als die Beschimpfung er= tragen?"

„Es ist etwas Wahres an dem, was Sie sagen. Mich sollte das schöne Mädchen dauern, hätte sie dasselbe Schick= sal, man sollte es warnen!"

„Ist meinerseits geschehen, doch vergebens. Aber da kommt der` Zug, Gott behüte Sie, Herr Doctor, und kom= men Sie bald nach Linderode."

Die Männer schüttelten einander die Hand. Der vor= nehme Mann folgte dem älteren Manne bis an den Schalter und ließ sich wie dieser ein Billet nach Rauhen= fels für die zweite Classe geben.

Im Waggon nahm der Herr seinen Platz dem älteren Manne gegenüber, und fragte ihn auf so höfliche, ein= nehmende Art über die schönsten Punkte der Gegend aus, daß der Angeredete seine Schweigsamkeit ablegte, und ihm Linderode, die Schönheiten des großen, stundenlangen Waldes, alle Ruinen, Gärten und Schlösser auf das Leb= hafteste beschrieb.

In Rauhenfels bestiegen beide den Postomnibus und

langten, ehe die Dämmerung die Reize der Gegend ver=
hüllte, in Linderode an.

Zu derselben Stunde, wo der vornehm aussehende
Fremde, welcher sich im Gasthofe Doctor Falsner genannt
und als solcher in das Buch eingeschrieben hatte, unter
den blühenden Kastanienbäumen des Marktplatzes von Lin=
derode umherwandelte, freute sich ein junges, glückliches
Paar des herrlichen Maiabends.

Emil und Cornelia sollten den nächsten Tag in der
katholischen Kapelle des Waldschlosses getraut werden. Die
Großmama betrachtete das Brautkleid von matter, weißer
Seide, das gestern der Bräutigam selbst aus der Stadt
mitgebracht hatte. Sie nahm ihren Schmuck aus dem sonst
verschlossenen Schrein und legte ihn als Hochzeitsgabe zu
dem Gewande, dann blieb sie vor dem Myrtenbaume
stehen, welcher Zweige zum Brautkranze liefern sollte und
leise mit Augen voll Thränen betete die Matrone: „o,
Cornelia, möge Dein Glück immer grünen und blühen wie
dieser Myrtenbaum.“

Cornelia ging indeß an Emil's Arm durch den Wald
bis zum Eichentempel.

„Lebewohl, lebewohl, geliebter Wald!“ sagte sie mit
bewegter Stimme, „wann werde ich Dich wieder be=
grüßen?“

„Bald, meine Cornelia, morgen reisen wir ab, denn
ich muß Dir die schöne weite Welt zeigen, aber ehe das

Jahr seinen Kreislauf vollendet hat, führe ich Dich wieder hierher."

„Ach, wie sehr werde ich mich dann freuen, Gott nur weiß es, wie sehr, o wie sehr ich Dich liebe, Emil, aber wenn ich denke, daß die gute, liebe Großmama nun so allein, so ganz allein ist in dem einsamen Schlosse, so wird mir das Scheiden doch schwer!"

„Liebes Herz, die Großmama will uns ja weder begleiten noch bei sich behalten, sie sagte, ein Ehepaar muß das erste Jahr allein sein, sich in einander einleben! Und möchtest Du denn die Welt nicht sehen, Frankreich, Italien, Deutschland?"

„Gewiß, und an Deiner Seite wird die Welt mir doppelt schön erscheinen!"

„Und mir, meine Cornelia! Wie inhaltsleer, wie farblos war mein Leben ehe ich Dich kannte! Weißt Du, daß ich jeden Tag meines früheren Lebens für einen verlorenen betrachte, ich wünsche oft, ich hätte Dich gekannt, so lange ich denken kann."

Ich verstehe Dich, Emil, ich fühle eben so; aber wir wollen Versäumtes, ach unwissentlich Versäumtes einholen und uns niemals trennen, niemals, theurer Emil!"

„Keinen Tag, keine Stunde, süße Cornelia!"

„Eine Stunde doch," sagte sie schelmisch, „morgen brauche ich Zeit zu meiner Brauttoilette, freilich werden

uns wenig Menschen sehen, aber für Dich und Großmama
will ich möglichst hübsch sein!"

„Eitles Kind!"

„Immerhin, mein Freund. Ich will einen Eindruck
hinterlassen, noch nach Jahren, wenn, wie Göthe sagt:
„Alter und Krankheit auch über mich einen Schleier geworfen
haben werden," sollst Du Dich erinnern, wie ich Dir als
Braut erschienen bin."

„Meine Toilette wird schneller beendet sein!"

„Vielleicht, und dann noch Eins, Emil, einen Braut-
strauß mußt Du mir bringen, einen frischgepflückten, von
Waldepheu, Maiglöckchen und wilden Rosenknospen, auf
dem Felsen, den man den Handschuh nennt und welcher
die Mittagssonne hat, blühen jedes Jahr schon Anfang
Mai wilde Rosen."

„Herrlich!"

„Welche Stunde sollen wir in der Kapelle sein?"

„Um acht Uhr, Großmama wünschte es!"

„Ich werde die Zeit nicht versäumen! aber ehe wir
zurückkehren in das Schlößchen, laß uns ein zweistimmiges
Lied singen!"

Und beide sangen aus tiefsten Herzen ein Liebeslied,
dann gingen sie Arm in Arm, in seliges Schweigen versenkt, der friedlichen Heimath zu, wo die würdige Matrone
sie erwartete.

Emil hielt Wort, mit dem ersten Frühstrahl stand er

auf und warf ſich in die Kleider, dann eilte er auf flüch=
tigen Sohlen, die Stiege hinab in den Wald, fröhlich alte
Studentenlieder ſummend, mitunter blieb er ſtehen und
lauſchte dem Geſange der Waldvögel.

Der Maiglöckchenſtrauß war gepflückt, nur die Roſe
fehlte noch. Bei dem Felſen, den Cornelia bezeichnet hatte,
erblickte Emil nur grüne Knospen, ihm fiel eine freie,
ſonnige Stelle im Wald ein, nicht weit von Linderode,
da ſtanden wilde Roſen, ſicher fand er an einem dieſer
Sträucher eine ſchon halbaufgeblühte Knospe.

O hätte Cornelia gewußt, welche Folgen dieſer Wunſch
für ſie haben ſollte!

Das Ziel war erreicht, eine einzige roſige Knospe leuch=
tete aus dem Grün der Blätter hervor. Emil bog den
Zweig zu ſich herüber und lächelte.

„Endlich hab' ich Dich!“ rief er aus, doch fühlte er
ſich ſanft an der Schulter berührt, er ſchaute ſich raſch
um, vor ihm ſtand eine wohlbekannte Geſtalt.

„Du hier, iſt's möglich?“

„Wie Du ſiehſt, aber wie kommſt Du hierher, in leich=
ter Morgentracht, als ſei der Wald Deine Heimath,
Sträuße pflückend wie ein Bräutigam!?“

Emil erröthete.

Der Andre wußte genug; er nahm eine ernſte Miene
an und ſagte mit gedämpfter Stimme: „es iſt ein Glück,

daß ich Dich hier fand, denn ich habe Dich mit Schmer=
zen gesucht."

„Mich gesucht? Warum, und was brachte Dich auf
die Idee mich zu suchen?"

„Davon nachher, mein lieber Freund, die Zeit drängt,
ich kann Dir die traurige Nachricht nicht länger verhehlen.
Deine Mutter liegt schwer krank darnieder, wenn Du sie
noch lebend sehen, ihren Segen noch empfangen willst, so
folge mir auf der Stelle!"

„Das ist unmöglich!"

„Unmöglich, daß der Sohn zu seiner sterbenden Mut=
ter eilt?"

„Keine Vorwürfe, ich bin auf das Tiefste erschüttert,
und werde nicht unnütz zögern," sagte Emil mit bebender
Stimme, „aber noch ein theures Wesen hat Ansprüche an
mich, meine Braut. Zu ihr eile ich jetzt, um ihr zu sagen,
daß meine Kindespflicht mich sofort abruft, dann reise ich
sogleich mit Dir nach Hause."

„Aber bedenke doch, jetzt ist es sieben Uhr, wollen
wir zur rechten Zeit in Rauhenfels sein um den nächsten
Zug noch zu treffen, so haben wir keinen Augenblick zu
verlieren. Kommen wir zu spät, können wir erst mit dem
Abendzuge fort und verlieren mehrere Stunden. Wenn
Du Deine Mutter, welche sich innigst nach Dir sehnt,
nicht mehr am Leben fändest, würdest Du Dir die bit=
tersten Vorwürfe machen, auf Dein ganzes Leben könnte

diese Versäumniß einen Schatten werfen, selbst Deine Braut würde betrübt werden, denn gewiß ist sie edel und zart-fühlend."

„Im hohen Grade!"

„Ich will hin zu ihr, will ihr Alles sagen, die Tren-nung wird ja nur kurz sein, entweder erholt sich Deine Mutter, wozu leider nur eine sehr schwache Hoffnung ist, oder sie geht ein zu Gott, in jedem Falle bist Du in acht Tagen wieder hier!"

„Sei es denn, Du hast recht!" Emil riß ein Blatt Papier aus seinem Taschenbuche und schrieb rasch einige Worte mit Bleistift darauf, dann besprach er sich mit sei-nem Freunde, während dieser neben ihm herging.

In Linderode trennten sie sich.

„Hier, nimm meinen Plaid um und stecke diese Börse zu Dir, armer Freund," sagte der Ueberbringer der Un-glücksbotschaft; „verlasse Dich darauf, daß ich Alles zu Deinem Besten ausrichten und auf das Schonendste ver-fahren werde, bald folge ich Dir, und Gott geleite Dich!"

Emil stieg in den Postomnibus, die Pferde zogen an, der Andre trat den Weg nach dem Waldschlosse an.

Geschmückt mit den Reizen der frischesten Jugend, welche durch eine eben so geschmackvolle als reiche Toilette gehoben wurden, stand Cornelia vor der Großmama, welche Worte der Liebe und des Segens über die geliebte Enkelin sprach.

„Sollte Emil nun nicht zurück sein?" sagte die Braut, „es ist acht Uhr, der geistliche Herr wird am Ende eher da sein als der Bräutigam."

Die Großmama lächelte, aber sie entgegnete: „Du hast recht, es wird bald acht Uhr sein."

„Wenn Emil nur kein Unglück begegnet ist! Mir ist mit einem Male so bange!"

„Gott verhüte es!"

Jetzt wurden rasche Männertritte im Vorgemache hörbar, nach starkem Klopfen an der Thüre trat ein vornehmer Mann in einer etwas brüsken Weise in das Gemach. Er hatte wahrscheinlich erwartet zwei halbgebildeten Frauen gegenüber zu treten, Abentheurerinnen, mit denen er ziemlich ungenirt sprechen könnte, aber ein Blick auf die engelschöne Cornelia und auf die vornehme Haltung der Frau Haag, die unwillkührlich den Anstand einer Fürstin annahm, reichte hin, den beabsichtigten kurzen Gruß in eine tiefe Verbeugung umzuwandeln.

Die Matrone erwiederte den Gruß gemessen und fragte: „mein Herr, was führt Sie her, darf ich bitten?"

„Habe ich die Ehre Frau Haag vor mir zu sehen?"

„Die Wittwe des Obersten Haag."

„Nur Haag, nicht von Haag?"

„Nur Haag, doch was hat diese Frage zu bedeuten?"

„Ich werde sogleich die Ehre haben, gnädige Frau, Ihnen jede Erklärung zu geben. Ich bitte nur noch, mir gütigst den Namen dieser jungen Dame zu sagen."

„Meine Enkelin, Fräulein Imhof, Tochter des verstorbenen Capitain Imhof; nun, mein Herr, bitte ich um Ihre Erklärung."

„Darf ich einige Worte unter vier Augen mit Ihnen sprechen?"

„Folgen Sie mir, mein Herr!"

Die alte Dame schritt würdevoll in das anstoßende Gemach, setzte sich in einen Lehnstuhl und lud durch einen Wink den Herrn ein, sich ihr gegenüber zu setzen.

„Erlauben Sie mir, gnädige Frau, mich Ihnen als Oberkammerherr von Burgsdorf vorzustellen, ich bin im —schen Hofe wohlbekannt."

„Das bezweifle ich nicht, Herr Oberkammerherr, allein Sie haben mir etwas Wichtiges sagen wollen."

„Fräulein Imhof sollte diesen Morgen vor den Traualtar treten, kennen Sie die Familie des Herrn, dem Sie das Lebensglück Ihrer Enkelin anvertrauen wollen?"

„Mein Herr, ich verstehe mich auf die Menschen und muß gestehen, daß der Bräutigam meiner Enkelin mir das größte Vertrauen eingeflößt hat. Ich weiß nicht, mit welchem Rechte sie gegen ihn auftreten, ich bitte Sie jedoch, sagen Sie Alles, was Sie gegen ihn haben, Herrn Emil Hochberg selbst."

„Ich habe die höchste Meinung von dem Herrn, allein ich weiß, daß seine Familie kein Wort von seiner beabsichtigten Heirath weiß, Sie können also nicht mit Sicherheit annehmen, meine gnädige Frau, daß diese Verbindung der Familie dieses Herrn willkommen ist.“

„Herr Emil Hochberg hat mir gesagt, daß sein Vater todt ist, daß er keine Geschwister habe, daß ein mäßiges Vermögen und sein Malertalent, und ich weiß das ist bedeutend, ihn in den Stand setzt, sorglos mit einer Frau zu leben. Seine Mutter ist, wie er mir mittheilte, weniger poetisch, ihm geistig fremder als ihm lieb ist, aber nicht im Stande ihm sein Lebensglück zu zerstören. Von Herrn Hochberg weiß ich, daß er nur nach seinem Herzen handelt, er kennt nicht einmal in dieser Beziehung meine Verhältnisse, aber Herrn Hochberg's Mutter wird keinen Grund haben, meine Enkelin ungern zu sehen, denn außer ihrem liebenswürdigen Selbst, bringt sie ihrem Gatten einen ehrenhaften Namen und als meine dereinstige Erbin, ein, für einen Künstler anständiges Vermögen zu, unser Gespräch, Herr Oberkammerherr, ist wohl also nun zu Ende.“

Der Oberkammerherr wußte jetzt genug, um den Weg einzuschlagen, der ihn an das Ziel führte, jedes Mittel war jetzt besser als keins; „wie Sie Herrn Hochberg kennen haben Sie freilich vollkommen recht, und wohl mancher Edelmann würde sich geehrt fühlen, wenn Fräulein

Imhof ihm die Hand reichen wollte, allein in Wahrheit
ich weiß nicht, es war nicht aufrichtig, daß der Prinz Ihnen
seinen Namen und Stand verschwieg; die Liebe entschul-
digt freilich viel, indessen — es thut mir weh, gnädige
Frau, Ihnen sagen zu müssen —" und der Oberkammerherr schwieg, entweder weil er wirklich verlegen war, oder
es gut fand eine solche Miene anzunehmen.

Frau Haag wechselte die Farbe während dieser Rede;
„wie, rief sie lebhaft aus, dieser junge Mann mit dem
offnen Gesichte hätte es gewagt, ein junges, edles Wesen, das er, wie er vorgab, innigst liebt, mich, eine Matrone, welche ihn pflegte, vielleicht das Leben rettete, in
solcher Weise zu täuschen? Wo ist Er, ich muß ihn
sprechen!"

„Fassen Sie sich, gnädige Frau, er ist fort, hier diese
Zeilen gab er mir für Fräulein Imhof."

Frau Haag nahm dem Oberkammerherren das Billet
ab, welches Emil im Walde geschrieben hatte.

„Ha, das ist seine Handschrift!" sagte sie und las:

Geliebte Cornelia,

„Verhältnisse rufen mich gebieterisch von Dir fort. Ich
habe nicht einmal Zeit, Dir persönlich Lebewohl zu sagen.
Du wirst mich in einigen Tagen wiedersehn oder Aus-
führliches von mir hören. In treuer Liebe der Deine."

„Er will also wiederkommen!"

„Wenigstens schreibt er es, und ich glaube, nachdem ich das Fräulein gesehen habe, daß der gnädigste Herr, hält man ihn nicht mit Gewalt, wohl zurückkehren wird so bald es ihm irgend möglich. Ich bin fest überzeugt, daß der Prinz mit Freuden sein, dem Fräulein gegebenes Wort halten wird, daß er aber dadurch sich auf immer von seiner Familie trennt, ist gewiß!"

„Das ist wahrscheinlich!" sprach Frau Haag.

„Mir steht nicht das Recht zu, hier Rath zu ertheilen. Ich bin weder so herzlos, um bei dem Schmerze der jungen Dame oder der Betrübniß meines fürstlichen Freundes gleichgültig zu bleiben, allein ich fürchte, daß die Vermählung des jungen Paares, der Dame später den meisten Kummer bereiten würde. Vielleicht hätte der Herzog seinem Verwandten das geheime Ehebündniß verziehen, wenn nicht, und zwar mit des Prinzen Zustimmung, schon um eine liebenswürdige Prinzessin für ihn geworben worden wäre. Der Erbprinz hat nur zwei Töchter, seine Gemahlin ist leidend, Prinz Carl ist kinderlos, also sind die Aussichten des fürstlichen Neffen glänzend, und wenn er dereinst den Thron besteigen wollte, muß er ebenbürtig vermählt sein."

Die alte Dame hatte scheinbar ruhig zugehört, aber in ihrem Innern stürmte es heftig, Erinnerungen erwachten wieder und einige Minuten vermochte sie kaum klar zu denken. Doch, geistvoll und energisch wie sie von Natur war, kämpfte sie siegreich mit sich selbst, und mit dem

Anstande einer Fürstin sich erhebend, sagte sie mit fester
Stimme: „ich danke Gott, mein Herr, daß ich durch Sie
zur rechten Zeit erfahren habe, was mir der Prinz verborgen hatte. Ich selbst bin entschieden gegen alle Ehen,
welche sich mit dem Schleier des Geheimnisses bedecken
oder die nicht durch das Gesetz vor willkührlicher Auflö-
sung geschützt sind. Ich weiß es sehr wohl, Fräulein Imhof
kann nicht die Gattin eines Prinzen bleiben, sobald dieser
den Thron besteigt, nie, niemals soll sie den Schmerz erleben, eine Andre an der Stelle zu sehen, wohin sie nach
dem Gesetze der Natur und der Kirche gehörte, nie soll sie
als verstoßene Gattin, vielleicht als Mutter, die Hallen verlassen müssen, wohin eine Prinzessin einzieht. Immer ist
mir das Schicksal der Kaiserin Josephine schrecklich erschienen!"

„Befehlen Sie, gnädige Frau, daß ich Ihren Ausspruch dem Prinzen hinterbringe, oder wollen Sie ihm
schreiben, vielleicht will auch die junge Dame, welche noch
in glücklicher Unwissenheit —"

„Sie wird den Schmerz ertragen, der weibliche Stolz
wird ihr zu Hülfe kommen. Weder meine Enkelin noch
ich werden dem Prinzen schreiben, sagen Sie ihm gefäl-
ligst dies und unterrichten Sie auch den Herzog davon!"

„Aber wenn der Prinz hierher kommen sollte!"

„Er wird uns nicht zu sehen bekommen, Herr Oberkammerherr!"

Hahn, der Verschwundene.   10

„Darf ich Ihnen vielleicht meine Dienste anbieten? Meine Verehrung für Sie wird es mir zum Vergnügen machen."

„Meine Bekanntschaft mit Ihnen ist zu neu, Herr Oberkammerherr, auch bin ich gewohnt selbständig zu sein."

Die Matrone machte nach diesen Worten dem Herrn eine abgemessene Verneigung, und ihm blieb nichts übrig als sich zu entfernen.

Mit den widersprechendsten Empfindungen, peinlich berührt, verließ er das Schloß, allein er war nicht der Mann, welcher sich lange von unangenehmen Eindrücken beherrschen ließ.

Als er später Linderode verließ, und Alles was er gethan und erfahren hatte überdachte, sagte er zu sich selbst: das schöne Mädchen dauert mich, aber wie bald würde sie eine unglückliche Frau geworden sein, und ihn dürfte wohl auch nach wenig Jahren die Reue erfaßt haben. Liebe in der Hütte ist recht schön als Episode, aber für das ganze Leben? Quod non, das ist mein Ultimatum und Alles wohl erwogen, habe ich so gehandelt, daß früher oder später sich beide Theile bei mir bedanken werden.

Zehntes Kapitel.

Die Kranke.

Die Gräfin auf Bieberach lag, wie es ihre Gewohn= heit war, lesend im Bette, aber obgleich sie einen neuen unterhaltenden Roman in der Hand hatte, flogen doch immer wieder ihre Gedanken von dem Buche auf ihre eigenen Angelegenheiten zurück, welche sie sehr beun= ruhigten.

Von ihrem Sohne hatte sie noch immer nichts gehört, ihr Neffe Arthur hatte ihr flüchtig geschrieben, daß er sei= nen Vetter bis jetzt noch nicht habe ausfindig machen kön= nen, und leider, hatte ihr listiger Herr Vetter, Graf Louis, ihr gestern die Ehre seines Besuches geschenkt, und war bei dieser Gelegenheit durch Garten und Park, Ställe und Scheunen gegangen, als sei er schon Herr auf Bieberach.

Er mußte von einer geheimen Vermählung ihres Sohnes wissen, wahrscheinlich ihn dazu verleitet haben. Sie machte sich selbst bittere Vorwürfe, daß sie nicht mehr in ihren Sohn gedrungen war, sich mit der Gräfin Barnefeld zu vermählen; aber das war nicht zu ändern, ihre letzten Hoffnungen bestanden darin, daß entweder Graf Louis über die unebenbürtige Vermählung ihres Sohnes falsch unterrichtet war, oder daß jenes Hausgesetz entweder gar nie existirt habe oder längst aufgehoben worden sei.

Zu derselben Zeit saßen in der großen Unterstube,
wo die Dienerschaft speiste, Alle, vom Koch an bis auf
das kleine Küchenmädchen herab, um eine große Tafel, und
ließen es sich wohl sein.

Der Haushofmeister war auf drei Tage verreist und
die wichtigste Person im Schlosse, wenigstens dachte sie
selbst so von sich, der Koch, feierte seinen Namenstag und
gab eine Bowle und vortreffliche Kuchen zum Besten.

„Das muß man sagen," begann nach einer Pause ein
Gespräch, welche mit Essen und Trinken ausgefüllt worden
war, „die hübsche Kammerzofe der Frau Gräfin, ja, es
wäre undankbar es nicht zu sagen, unser Herr Koch ist
ein großer Künstler, und Backwerk wie dieses hier, habe
ich bei Hofe nicht gespeist!"

Der Koch verbeugte sich geschmeichelt, der Kammerdiener lachte laut: „Sie am Hofe, Julchen, ei, wann speisten
Sie denn dort?"

„Als ob meine älteste Schwester nicht Kammerfräulein
der durchlauchtigen Prinzessin Alexandrine wäre."

„Ei," sprach die Wäscherin, „das ist mir neu, ich habe
immer nur gewußt, daß sie Kammerjungfer bei der Baronesse Obeleben ist."

„Das kommt auf Eins heraus. Baronesse Obeleben
ist erste Hofdame der Prinzessin, und meine Schwester Kammerfräulein der Baronesse."

„Ich denke Kammermädchen!" schaltete die Wäscherin ein.

„Jede Schneiderstochter wird heut zu Tage Fräulein
titulirt, da sehe ich nicht ein, warum meine Schwester und
ich, als Uhrmacherstöchter, nicht ebenfalls Fräulein genannt
werden sollten!"

„Sie haben ganz recht, Fräulein Julchen," bemerkte
der Groom, ein kleiner impertinenter Schlingel, und setzte
mit anscheinender Treuherzigkeit hinzu: „aber Sie wissen
ja mehr von dem, was bei Hofe vorgeht als wir Andern,
ist es wahr, daß unser Herr Graf den Fürstentitel erhal=
ten soll?"

„Im Vertrauen, denn ich darf nicht von Allem was
ich weiß so gerade zu reden, aber es ist Etwas im Werke.
Die Frau Gräfin hat ihre Pläne, und ist mit gar hohen
Häuptern verwandt, über kurz oder lang können wir zum
Hofstaate eines Fürsten gehören."

„Schnickschnack, mit Gunst, Jungfer Julchen," sagte
der alte Untergärtner, „da kenne ich den Herrn Grafen
besser, der fragt nicht nach solchem Firlefanz. Mein seli=
ger Vater war Leibjäger des alten Herrn, bei des Groß=
vaters Excellenz, ich aber hatte von Kindesbeinen an Lust
zur Kunstgärtnerei, und der Vater unsers jetzigen Herrn
Grafen hielt große Stücke auf mich, mehr als auf den
Garteninspector, der zwar viele Kenntnisse hat und jede
Pflanze lateinisch zu benennen weiß, aber er besitzt nicht
meinen Geschmack, er schafft nichts. Ich dagegen habe
manche schöne Waldblume geholt und durch Pflege und

veränderte Erde. so veredelt, daß der Herr Graf sagten:
„ei, Erhardt, da haben Sie ja wieder eine neue Blume
geschaffen." Der junge Herr Graf sah mir oft zu, wie er
noch die ersten Höschen trug, und war bei seinem kleinen
Gärtchen so geschäftig, daß es eine Freude war. Da hab'
ich den guten jungen Herrn so recht kennen gelernt, der
denkt an äußern Flitter nicht!"

„Ein prächtiger junger Herr," bekräftigte der Tafelbecker,
„hat gar keinen Hochmuth. Er, Du, Ihr, sagt er zu kei=
ner Seele, selbst den Bettler nennt er Sie, und wenn
ich ihn bei Tafel den Wein servire, sagt er stets: „ich
danke!"

„Ich weiß mich recht wohl zu erinnern, wie er einst,
als die Frau Gräfin ihm vorwarf, daß er zu viel in bür=
gerliche Gesellschaften gegangen sei, zur Antwort gab:
„welche Gesellschaften meinen Sie damit, gnädige Mama?
Ich bin Mitglied des Künstlerklubbs und habe es als
Ehre zu betrachten, daß diese Herren mich als ordentliches
Mitglied unter sich aufgenommen haben, mancher Fürst
würde abgewiesen werden," nahm der Gärtner wieder das
Wort.

„Ja, unsre Frau Gräfin hält viel auf ihre Herkunft.
und hat doch auch arme Verwandte!" sagte die Bett=
meisterin.

„Hm, nur ihre Schwester. Die heirathete aus Liebe
einen armen Offizier, der aber von gutem Adel war. Nun,

der junge Baron hat es bereits zum Legationsrath ge=
bracht, er wird Minister sein, ehe man die Hand umdreht.
Er ist schlau, weiß den Damen zu schmeicheln, und wird
jedenfalls eine glänzende Heirath machen.“

„Richtig, Herr Koch, unser Herr Graf dagegen ver=
mählt sich sicherlich nur aus Liebe!“ sagte der Groom.

„Hahaha, spricht ein sechzehnjähriges Bürschchen von
Liebe und Heirathen!“ lachte die Wäscherin, „übrigens da
doch die Rede davon ist, aus dem Bündniß unsers Herrn
Grafen mit der jungen Gräfin Barnefeld scheint nichts zu
werden:“

„Möglich, man flüstert sogar —“

„Was denn, Wilhelm, was denn?“

„Ja, ich darf nichts verrathen!“ sprach der junge
Mann, welchem die Gräfin den Titel Page gegeben
hatte.

„O liebster, goldner Wilhelm, sprechen Sie, wir schwei=
gen wie das Grab!“ flehte Julchen.

„Ja, wir schweigen!“ riefen einstimmig die Andern.

„Nun, die Frau Gräfin pflegt mit ihren vornehmen
Gästen stets Französisch zu sprechen, und hat die Idee,
daß kein Bürgerlicher diese Sprache versteht, höchstens traut
sie einem Künstler oder Schriftsteller einige Kenntniß in der=
selben zu. Ich verstehe aber ganz gut Alles was ge=
sprochen wird, und habe kürzlich eine lange Unterredung
zwischen der Frau Gräfen und dem Herrn Grafen Louis

gehört, wie sie zusammen im Garten promenirten, und ich
der Gnädigsten das Tuch nachtragen mußte."

„Was war der Inhalt dieses Gespräches?" rief man
von allen Seiten.

„Ei, ein kurioser, mir wurde dabei grün und schwarz
vor den Augen. Graf Louis behauptete, unser junger
Herr sei ein Schwärmer, er verstecke sich, weil er unter
seinem Stande geheirathet habe, aber er, nämlich Graf
Louis werde das schon heraus bekommen, und dann mit
Fug und Recht Bieberach in Besitz nehmen, denn es
existire ein altes Gesetz, nach welchem kein Graf zu Bieberach eine Bürgerliche heirathen dürfe, wolle er nicht alle
seine Güter verlieren."

„Das glaube ich nun und nimmermehr!" sprach der
Gärtner.

„Ich habe es aber doch gehört," bemerkte empfindlich
der Page.

„Ja, Ihnen glaube ich wohl," begütigte der Gärtner, „aber an das Gesetz glaube ich nicht. Das wäre
wahrer Unsinn, und hätte ein Ahnherr eine solche alberne
Forderung gemacht, so würde in jetzigen Zeiten kein Ge-
richtshof sie mehr anerkennen!"

„Darüber muß ich nächstens mit meinem Cousin dem
Rechtsanwalt Steudner sprechen!" sagte Julchen und warf
den Kopf in den Nacken.

„Zu was aber sollte Graf Louis unserer Frau Gräfin

in solcher Weise drohen, wenn gar Nichts daran wäre," bemerkte die Bettmeisterin.

„Hm, Graf Louis ist ein verschmitzter Herr und hat weder seinem Vetter noch dessen Sohne die Güter gegönnt. Sein reiches Muttererbe hat er verpraßt, seiner Gemahlin Vermögen schon bedeutend angegriffen, vielleicht sprengt er aus, daß unser Herr Graf die Güter bald an ihn abtre= ten müsse, um irgend einen leichtgläubigen Narren zu ei= nem Darlehn zu bewegen."

„Guter Gott," schluchzte die Wäscherin, welche sehr leicht in Thränen ausbrach, „wenn unser guter Herr Graf diesem schönen Schlosse den Rücken wenden müßte, das wäre schrecklich!"

In diesem Augenblicke wurde heftig am Hausthore geläutet.

Alle sprangen erschreckt auf.

„Brennt es denn wo?" schrie der Koch.

Der Pförtner nahm eine Kerze und ging um nachzu= sehen, wer bei Nacht auf so lärmende Weise Einlaß be= gehre, die ganze Dienerschaft bis auf den Groom, schritt hinter dem dicken Manne her, zu sehen wer da komme.

Der kleine Bursche, der zurückgeblieben war, füllte sich sein Glas, leerte es schnell, steckte sich alle Taschen voll Backwerk und lief dann ebenfalls in die große Halle.

Als der Pförtner die Thüre öffnete, sah er zu seinem Staunen einen jungen Mann, der ein mit Schweißflocken bedecktes Pferd am Zügel hielt und selbst ganz erschöpft schien. Er reichte dem Pförtner einen Brief, keuchte die Worte hervor: „ist der Frau Gräfin augenblicklich zu über= geben," und bat dann, um Unterkunft für sich und sein Pferd.

Der Kammerdiener nahm den Boten mit sich, der Stall= hüter das Pferd, Julchen sagte: „die Frau Gräfin schla= fen bereits," die Wäscherin fragte: „dem jungen Herrn Grafen ist doch kein Unfall begegnet?"

Der Bote schüttelte den Kopf.

„Nein, weiß nicht, glaube nicht, der Brief ist vom Herrn Legationsrath, und soll sofort abgegeben werden, er ist von höchster Wichtigkeit."

„So will ich es über mich nehmen, die Gräfin zu wecken!" sagte Julie und ging.

Gern hätte das neugierige Zöfchen den Brief gelesen, aber sie wagte doch nicht das Siegel zu erbrechen.

Leise schlich sie in das Gemach der Gräfin und fand diese ebenfalls wach.

„Was ist geschehen, Julie, wer läutete so heftig?" rief die Dame dem Mädchen zu.

„Diesen Brief hier sollte ich der gnädigen Gräfin so= fort übergeben."

Die Gräfin erbrach ihn rasch und las, es schien der Zofe als lächle dieselbe. Zweimal las die Herrin das

Schreiben, dann steckte sie es unter ihr Kopfkissen und hieß Julien gehen.

Ein klagender Schrei erschreckte die Zofe als sie eben den Vorsaal betrat, er tönte noch einmal aus dem Schlafgemache der Dame.

Julie kehrte zurück.

„O Gott sei Dank Julie, daß Du kommst, mir ist mit einem Male fürchterlich zu Muthe," stöhnte die Dame.

„Himmel, was ist Ihnen zugestoßen gnädige Gräfin!"

„Oh, oh! Julie, diese Schmerzen, ich glaube meine letzte Stunde ist da! Es sind dieselben Schmerzen, welche ich schon vor einigen Tagen hatte, aber ich überlasse gern Alles der Natur, darum ließ ich den Arzt nicht rufen."

„Ich will den Doctor wecken lassen!"

„Ja, ja, dann komme wieder Julie! Oh! Der Baron Arthur hatte recht, er fand mich bei seinem letzten Besuche schon krank aussehend, oh!"

Julie entfernte sich rasch.

Eine halbe Stunde später saß der Arzt am Bette der Gräfin, ein Reitknecht ritt mit einem Rezept nach dem nächsten Orte wo eine Apotheke war. Die Gräfin sprach lange allein mit dem Arzte, dann wurde Julie wieder gerufen, um der Kranken Umschläge von kaltem Wasser über den Kopf zu legen.

Am andern Tage herrschte die tiefste Stille in dem Schlosse, die Dienerschaft flüsterte und ging auf den Zehen, und Julie erzählte schluchzend, die Frau Gräfin habe vor, ihr Testament zu machen und wolle Alle die ihr treu gedient hätten reichlich bedenken.

Auch Graf Louis mußte schon von dem Uebelbefinden seiner Cousine gehört haben, denn er fand sich ein, um nach ihr zu fragen und ließ die Nichte seiner Frau zur Pflege der Gräfin da.

Den Grafen Louis nahm die äußerst schwache, von Schmerzen gequälte Dame nicht an, aber zu dem jungen Fräulein sagte sie: es ist mir lieb, wenn Du bleibst, ich sehe Dein sanftes schönes Antlitz gern, meine Henriette."

Elftes Kapitel.

Eine Wanderung durch den Wald.

Unweit vom Eichentempel hielt ein eleganter leichter Wagen, bespannt mit zwei feurigen Goldfüchsen. Ein junger Mann sprang mit Leichtigkeit heraus und sagte zu dem Kutscher, „Grundmann, Sie fahren zu dem Gasthofe in Linde= robe und quartiren sich mit den Pferden ein, in zwei oder drei Tagen werden Sie Weiteres hören. Lassen Sie es sich wohl sein, die Rechnung bezahle ich gern."

Der Kutscher machte dem Herrn sein Compliment und wandte den Wagen um, der junge Herr schlug den ihm lieben, wohlbekannten Weg nach dem Jagdschlosse ein.

Als er blühende wilde Rosen sah brach er einige ab, „ach, wie hold seid ihr Knospen aufgeblüht,“ rief er aus, und pflückte, ohne die Dornen zu achten, einen ganzen Busch.

Sein Herz klopfte vor freudiger Erwartung.

„Ob Cornelia wohl mein Kommen ahnt, ob Sie mir begegnen wird?“ fragte er.

Er sang ein Lied, dann, als es zu Ende war, rief er, wie er wohl früher zuweilen gethan hatte, „Cornelia!“ aber keine süße Stimme antwortete, kein helles blaues oder weißes Gewand, ward zwischen den grünen Zweigen der Bäume sichtbar.“

Jetzt stand er vor dem Schlosse, alle Fenster waren zu, Niemand war sichtbar.

Er klopfte an das Thor, er rief, keine Seele ließ sich blicken. Nach langem, vergeblichen Rufen rüttelte er so an dem Thürschloß, sich dabei seines Taschenmessers bedienend, daß es aufsprang.

Emil stand in der Halle, sie war leer, er trat in die Küche, kein gastliches Feuer brannte auf dem Heerde, kein Gefäß frischen Wassers lud den Wandrer ein, sich zu laben.

Betroffen stieg Emil die wenigen Stufen hinan, welche in das Gemach der Großmama führten, die Thüre war nur angelehnt, Himmel, wie wurde ihm zu Muthe, als er das Gemach fast leer sah. Alle Gemälde, Blumen, Nippes, sogar einige Mobilien waren nicht mehr da, Frau Haag mußte mit Cornelia und ihrer Dienerschaft abgereist sein.

Sicher hatte sie dazu ihre guten Gründe gehabt und ihn
brieflich davon in Kenntniß gesetzt, aber der Brief war nicht
in seine Hände gekommen.

Emil zweifelte nicht im Entferntesten daran, daß er bald
die Geliebte und die verehrte Großmama wieder sehen würde,
allein er war doch sehr verstiumt und niedergeschlagen über
seine getäuschten Hoffnungen, er hatte sich das Wiedersehn so
schön ausgemalt.

Unmuthig trat er den Rückweg nach Linderode an. Im
Wald traf er einige Frauen und Kinder, welche er früher
hatte Morcheln und Waldmeister sammeln sehn, sie pflückten
Maiglöckchen und suchten Moos zu Kränzen. Er hatte sie
damals reichlich beschenkt und sie standen auf und begrüßten
ihn erfreut.

Er redete sie an, ob sie wohl wüßten wie lange die
Damen das Waldschloß verlassen hätten, und wohin sie gereist
wären.

Ein zwölfjährigs Mädchen sagte: „das mögen wohl
zwei Wochen her sein. - Frau Haag, das Fräulein, Christoph
und Christiane stiegen, bei den großen Fichten, wo der Wald=
weg breiter wird, in einen Wagen. Das junge Fräulein weinte
als ob ihr das Herz brechen wollte.“

Mehr wußte das Mädchen nicht. Emil beschenkte Alle und
ging nach Linderode.

Dort suchte er den katholischen Geistlichen auf und fragte,

ob Frau Haag oder seine Braut Briefe für ihn zurückgelassen hätten.

Der würdige Mann verneinte es.

Emil fragte, wohin die Frauen gereist wären.

„Mein bester Herr," erwiderte der Priester, „Frau Haag hat mir Nichts, gar Nichts mitgetheilt an jenem Tage, als daß die Trauung mit Ihnen und Fräulein Imhof nicht statt finden, und daß sie das Waldschloß verlassen würde. Sie dankte mir herzlich und gerührt für die kleinen Dienste welche ich ihr während der Jahre, welche sie in der Abgeschiedenheit lebte, leisten konnte, wohin sie sich aber wenden wollte verschwieg sie, und ich wagte nicht darnach zu fragen, denn in ihren Zügen las ich einen tiefen, großen Schmerz."

„Sahen Sie meine Cornelia?"

„Einen Augenblick, sie reichte mir, durch Thränen lächelnd ihre liebe Hand, sie wollte sprechen, aber sie vermochte es nicht."

Emil sah endlich ein, daß der Priester in Wahrheit nichts wisse, er verließ ihn also und ging nochmals auf das Postamt, um nach Briefen zu fragen, welche sie für ihn, wie er glaubte, zurückgelassen haben mußten.

Der Postbeamte hörte Emil mit sichtlicher Ungeduld an, „ich versichere Ihnen mein Herr," brummte er endlich, „wenn ich Briefe für Sie hätte, würde ich sie Ihnen nicht vorenthalten. Was aber Frau Haag und deren Umgebungen betrifft, so kann ich Ihnen nur sagen, daß ich der Dame Extrapost bis an das Schloß schickte, sie ist damit bis zur nächsten Eisenbahnstation gefahren, Weiteres ist mir unbekannt. Frau Haag und Fräulein Imhof sind stets so stolz gegen uns Linderober gewesen, daß wir unsrerseits uns nicht gemüßigt sahen Damen nachzuforschen, welche viel — Ungewöhnliches an sich haben!"

Nach diesen Worten schlug der Postverwalter das Fenster zu und wandte dem Frager den Rücken.

Emil verließ niedergeschlagen das Posthaus. Als er über den großen Platz ging, begegnete ihm der junge Eisenmann. Franz blieb unwillkührlich stehen, auch Emil hielt seine Schritte an, indem er den Hut zog sagte er schmerzlich lächelnd: „das ist ein seltsames Wiedersehn, Herr Oberförster. Es hat mir aufrichtig weh gethan, daß ich Ihre Hoffnungen zerstörte, aber ich bewarb mich nur um ein Herz, welches stets nur schwesterliche Gefühle für Sie gehegt hatte, ich nahm Ihnen Nichts was Ihnen früher gehörte, jetzt leide ich, vielleicht mehr als Sie!"

„Ich habe Ihnen niemals gezürnt, eben so wenig Cornelien, wenn Jemand Unrecht that, so waren es mein Vater und Frau Haag. Ich habe einsehen lernen, daß es thörig und ungerecht ist, ein Mädchen mit dem einzigen jungen Manne den es gesehn hatte, zu verloben. Wenn Cornelia ohne Ihre Dazwischenkunft meine Frau geworden, und Ihnen später begegnet wäre, welch namenloses Elend würde über Drei gute Menschen hereingebrochen sein! Ich habe den Verlust meines schönsten Jugendglückes noch nicht verschmerzt, ich glaube auch nicht, daß ich jemals ein Mädchen wieder so leidenschaftlich und anbetend liebe wie sie, aber dennoch sehe ich, es ist doch besser wie es ist. Für das Traurigste auf Erden halte ich eine Ehe, wo die Liebe nur auf einer Seite ist!"

Emil seufzte.

Franz fuhr fort: „mein Vater war Anfangs im höchsten Grade erzürnt, sein Lieblingsplan war ihm gescheitert, doch auch er ist jetzt ruhig, und zwar weil er glaubt, daß die einer Flucht ähnliche Entfernung der beiden Damen, mit dem Dunkel zusammenhängt, welches über der Vergangenheit der alten Dame schwebt."

„Was ist Ihnen oder Ihrem Vater von dieser Vergangenheit bekannt?" fragte Emil.

„Nichts, als das, was Sie auch wissen, Frau Haag's und Cornelia's Name, daß Erstere Wittwe, Letztere Waise ist, aber eben dies scheint meinem Vater zu wenig. Doch, brechen wir ab!"

Die beiden jungen Männer reichten einander die Hände und trennten sich.

Emil sann über Franzens Rede nach. „Es ist möglich," murmelte er, „daß der hochgeborne Halbbruder der Frau Haag sie zu sich beschieden hat!" Es fiel ihm ein, daß er kürzlich in der Allgemeinen Augsburger Zeitung von der gefährlichen Krankheit gelesen hatte.

Wahrscheinlich war sein Schreiben an Cornelia verloren gegangen, denn er hatte zwei Tage nach seiner Abreise an sie ausführlich geschrieben. Hatte sie aber diesen Brief nicht erhalten, dann war es unmöglich, daß sie ihm schreiben konnte, denn sie wußte ja seinen Namen nicht.

Zum ersten male bereute er es schwer, daß er sich mit geheimnißvollem Dunkel umgeben hatte, daß er nicht bei der Wahrheit geblieben war. Wie bitter mußte er jetzt dafür leiden, wie qualvoll waren jetzt vielleicht auch Cornelia's Tage, denn er wußte recht gut, mit welcher heiligen unwandelbaren Liebe ihre ganze Seele an ihm hing.

Ohne Säumen ließ er anspannen und fuhr bis zur nächsten Eisenbahnstation, dort traf er gerade zur rechten Zeit ein, und nach einer Reise ohne Aufenthalt befand er sich zwei Tage später in der Residenz des Halbbruders der Frau Haag.

Daß Emil sich kaum Zeit zu einiger Erholung gönnte, war bei der innern Unruhe, welche ihn beherrschte, natürlich. Er kleidete sich um, und suchte einen Universitätsfreund auf, der durch seine Stellung in den Stand gesetzt war, Alles zu wissen was bei Hofe vorging, denn gerade Fürsten ist es fast unmöglich mit irgend einer Person heimlich und unbelauscht zu sprechen.

Niemand in der Residenz wußte von einer Frau Oberstin Haag, Niemand von einer jungen Dame, deren Schönheit zu auffallend war, als daß man sie hätte übersehen können.

Einige Tage besuchte er alle Kirchen, alle öffentlichen

Orte, nirgends fah er fie, die feine Sehnfucht überall fuchte.
— Den Gedanken, einen Aufruf in Zeitungen an Frau
Haag ergehen zu laffen, verwarf er wieder fo fchnell als er
ihn gefaßt hatte. Frau Haag las keine Zeitungen und würde
fich unangenehm davon berührt gefühlt haben. Endlich erinnerte fich Emil, daß der Banquier, durch welchen Frau
Haag ihr Geld bezog, in Leipzig lebe, er mußte von ihrem
Aufenthalte wiffen, und deshalb befann fich Emil nicht lange,
fondern reifte unverzüglich nach Leipzig.

Als der Reifende in das Comptoir des Banquiers trat,
fand er denfelben glücklicherweife unbefchäftigt und konnte
ihn fogleich fprechen.

Auf die, mit großer Höflichkeit ausgefprochene Frage,
erwiederte der Banquier eben fo artig: „bedaure mein Herr,
ich kann Ihnen nichts Näheres über die Reife der Damen
fagen. Die Frau Oberftin erzeigte mir die Ehre am Montage
felbft bei mir vorzufprechen, fie ließ fich ziemlich viel Geld
von mir geben, und wird wohl fobald nicht wieder an mich
fchreiben."

„Und wohin wandte fie fich, oder ift fie noch hier?"

„Sie reifte Montag Nachmittag ab, wohin kann ich nicht
angeben, doch muß ich fchließen daß fie eine weite Tour vor hat,
denn ich mußte ihr franzöfifche und englifche Goldftücke geben,
auch Banknoten."

„Keine Creditbriefe auf irgend ein Haus?"

„Durchaus nicht!"

11*

„Wollten Sie wohl die Güte haben, einen Brief von mir an Frau Haag zu befördern, sobald Sie ihren Aufenthalt wissen, und mir denselben anzeigen?"

„Mit Vergnügen mein Herr!"

Emil dankte dem Herrn und entfernte sich. Er hatte dem Banquier seinen Namen und Wohnort angegeben, und hielt es für besser heim zu reisen und da Briefe zu erwarten, als ohne bestimmtes Ziel in der Welt umherzustreifen.

Sein Kopf glühte, seine Füße trugen ihn kaum als er am andern Tage daheim anlangte. Schweigend mit der Hand jede Begrüßung verbittend, schlich er nach seinem Zimmer und suchte sein Lager. Als sein treuer Diener in seines Herrn Gemach trat, fand er denselben im heftigsten Fieber.

Der schnell herbeigerufene Arzt beobachtete ihn scharf und lange. Ohne Zögern gab er seine Befehle, und als nach Mitternacht das Fieber eher zu als abnahm, zuckte der Arzt die Achseln, und flüsterte der Mutter des Kranken zu: „was gethan werden konnte, wurde gethan, es wäre mir lieb, wenn der Geheimrath Steinbach aus A . . . gerufen würde!"

In seinen Fieberträumen nannte der Kranke mit dem Ausdrucke der zärtlichsten Sehnsucht den Namen Cornelia.

„Warum kommst Du nicht!" rief er aus, „graut Dir vor meiner Nähe, weil ich krank bin?

O Cornelia, würde ich Dich verlassen haben? Krank, elend, entstellt, wahnsinnig, in allen Verhältnissen, unter allen

Umständen, wärst Du für mich doch immer dieselbe, die Eine, welcher mein Herz gehört!

Welch ein tückischer Geist hat uns getrennt, und was hast Du, was habe ich verschuldet, daß unser Glück in der Knospe getödtet ward, warum sind wir Beide verdammt, die bittersten Qualen des Herzens zu ertragen!"

Als seine Mutter diese Worte hörte traten Thränen in ihre Augen, mit liebevollen Reden suchte sie ihren Sohn zu trösten, aber er antwortete nicht, er kannte sie nicht und zuweilen rief er mit einem herzzerschneidendem Tone: „sie ist in des Nachrichters Hände gefallen, nie, nie, sehe ich sie wieder!"

Als der Geheimrath den andern Tag eintraf, billigte er alle Verordnungen seines Collegen.

„Es ist traurig, wie wenig ünsre Kunst zu thun vermag, wenn wir das Schicksal zum Gegner haben," sagte er. „Das Leiden dieses jungen Mannes hat seinen Sitz im Gemüthe, und ein krankes Herz heilen ist eine schwere Aufgabe, die nur in höchst seltenen Fällen, und dann auch nicht allein durch die Wissenschaft geheilt wird. Indeß müssen wir das unsre thun, und den Ausgang den höheren Mächten anheim stellen!"

Dieser Ausspruch enthielt wenig Tröstliches für die bekümmerte Mutter, welche wohl zum ersten male in ihrem Leben bis in das Innerste erschüttert war.

Sie wich Tag und Nacht nicht aus dem Zimmer des Kranken, sie erkannte, daß wir Menschen nicht die Herren unsers Schicksals sind, und daß der Pfeil den wir unvorsichtig auf einen Andern abschießen wollen, zuweilen über das Ziel hinausgeht, oder auf den Schützen selbst zurückfliegt.

Zwölftes Kapitel.

Ein Entschluß.

Als Frau Haag an jenem Morgen, nach dem Emil's Abgesandter sie verlassen hatte, in das Wohnzimmer zurückkehrte, fand sie die Braut auf den Knien, den Kopf auf das Betpult gelehnt.

Cornelia hatte von der Unterredung nur einige Worte gehört, die lauter gesprochen worden waren, sie lauteten schrecklich, denn sie sagten ihr, daß Emil nicht wiederkehren würde.

Beim Eintritt der Großmutter eilte sie in deren Arme, welche sich liebevoll um sie schlangen.

„Wo ist Er!" sprach sie bebend, „krank, todt! —"

„Weder Eins noch das Andere! Komm setze Dich zu mir mein Kind, und höre mich geduldig an."

Ganz willenlos ließ sich Cornelia von der Großmutter zum Sopha führen, und hier, den Kopf des lieben Mädchens an ihre Brust lehnend, theilte sie Cornelia in ihrer milden Weise Alles mit, was sie von dem Oberkammerherrn erfahren hatte.

Als sie ihre Rede geendet sagte die Braut: „und glauben Sie Alles dieses? Wer bürgt uns dafür, daß der Fremde Wahrheit gesprochen hat? Emil wird wieder kommen, er hat mich zu wahr geliebt, und ich habe nichts gethan, wodurch ich mich seiner Liebe und Achtung unwürdig gemacht hätte."

„Mein theures Kind, Du kennst weder die Welt, noch die Männer. Besteht doch das größte Glück der Jugend in der Unkenntniß der Menschen. Der Herr, welcher mir diese Aufschlüsse über Emil gab, ist ein vornehmer und glaubwürdiger Mann, das ging aus seinem ganzen Benehmen hervor; er könnte ja auch kein Interesse daran haben, Dich von dem Prinzen zu trennen, wenn er nicht im Auftrage des Herzogs gekommen wäre, warum sollte er mich aufgesucht haben? Ich sah es ihm an, daß ihm sein Auftrag schwer wurde."

„Und er, den ich über Alles liebte, hätte mich hintergangen, mich nicht geliebt?"

„Meine Cornelia, er hat Dich geliebt wie sein Großoheim, in seiner Jugend mich, wie sein Oheim Deine Mutter! Ich begreife, daß er nicht den Muth hatte, Dir Auge in Auge zu sagen, daß er Dich verlassen müsse, denn gewiß liebt er Dich noch."

„Dann wird er auch wiederkehren, Alles wird sich aufklären!"

„Täusche Dich nicht mein Kind!"

Frau Haag hatte beschlossen, Cornelia den Pfeil aus dem Herzen zu ziehen, gleichviel ob sie dadurch für den Augenblick die Wunde größer machte oder nicht. Deshalb schwieg sie über das kurze Billet welches Emil Cornelia gesandt hatte.

„Höre mich an," begann die Großmutter aufs neue.

„Daß Emil Dich leidenschaftlich und wahr liebte, davon bin ich überzeugt, daß er seinen Namen und Stand verschwieg, vermag ich zu entschuldigen, er wußte von mir schon längst, wie ich über ungleiche Ehen denke. Daß er sich heute mit Dir vermählen wollte, glaube ich, aber als der Abgesandte des Herzogs bei ihm erschien, als der Prinz an die Zukunft dachte, an das Opfer, welches er Dir bringen sollte — die Aussicht auf einen Thron, da bebte er vor dem Schritte zurück, zu dem ihn seine Leidenschaft getrieben hatte. Vielleicht denkst Du jetzt, eine kurze Seligkeit wiegt Jahre voll stummer und Jammer auf, aber das ist ein trauriger Irrthum junger Herzen! Noch jetzt segne ich die Weisheit meiner Mutter, welche mich vor einer heimlichen Ehe abhielt. Ich liebte den Mann meines Herzens nicht minder wie Du, ich habe ihn niemals vergessen, und glaube mir, er war schön, geistvoll, ein seltener Mann, Du sollst sein Bild sehn, und er liebte auch mich, wie oft, o wie oft habe ich in späteren Jahren Beweise von ihm erhalten, daß ich nicht vergessen von ihm ward, aber glücklich wäre unsere Ehe nicht geblieben. Männer seines Standes haben Ehrgeiz, und besonders die seines Geschlechtes. Und glaube mir Cornelia, zwei Arten Leiden kann eine edle Frau niemals ertragen: den Ehegeliebten durch sie unglücklich zu sehn, oder von seiner Familie Demüthigungen ertragen. Du wirst hold und edel in Emil's Erinnerung fortleben, begnüge Dich damit!"

"Und nicht einmal Abschied nehmen sollte ich von ihm, ihn nicht noch einmal sehen, an ihn schreiben dürfen?"

"Zu was die Qual vergrößern, Dich schwach zeigen vor ihm? Warum sind die Frauen in unsern Tagen nicht mehr so geehrt wie in früheren Zeiten, wo selbst die tapfersten und stolzesten Könige und Helden ihnen ritterlich huldigten? Weil sie zu wenig von dem edlen, weiblichen Stolze zeigen. Glaube mir, in unserer eigenen Würde ruht unser Frieden, sie ist unser Schutz gegen äußre und innere Feinde!"

"O Mutter, theure Mutter im Himmel, wüßtest du wie ich leide!" seufzte Cornelia.

"Auch sie litt wie Du, aber würdig!"

"O, Großmama, wie war eine so edle Erscheinung wie Emil, fähig uns zu täuschen. Gestern Abend noch, als ich mit ihm durch den Wald wandelte, wie blau lachte der Himmel, wie schön war die Welt!"

"Er wollte uns nicht täuschen, er täuschte sich selbst indem er glaubte, er könne sich muthig dem Zorne seiner ganzen Familie aussetzen. Ich dachte zuweilen, wenn ich ihn so still betrachtete, er müßte etwas Anderes sein, als ein Maler; aber es giebt so manchen Kronenträger, der kein vornehmes Aeußre besitzt, so manchen Mann aus dem Volke, der die Haltung eines Fürsten hat. Erziehung und Geist machen den Menschen, und da ein ächter Künstler eine gute Erziehung er-

halten haben muß, soll er einer der Auserwählten werden,
so glaube ich ihm. Selbst seine Aehnlichkeit mit den Prinzen
seines Stammes öffnete mir die Augen nicht!"

Daß Cornelia Emil wiedersehe, durfte Frau Haag nicht
wünschen, daß sich ihre Enkelin schnell tröften, und endlich
wohl gar Franz die Hand reichen würde, konnte sie nach dem
Charakter dieses Mädchens zu schließen, nicht annehmen.

Ihr Bau, welcher Cornelia's Glück begründen sollte,
hatte sich als Luftschloß erwiesen, es war zusammen gefallen.
Wenn Shakspeare, der große Welt= und Menschenkenner,
sagt: „Sei keusch wie Eis und rein wie Schnee, und Du
wirst dennoch der Verläumdung nicht entgehn," so kann man
wohl mit Recht sagen: „verbirg Deine Tochter in die tiefste
Einsamkeit, halte schützend beide Hände über ihr Haupt, ihrem
Herzen werden doch die Leiden nicht erspart, wenn es der
Leidenschaften fähig ist."

Diese Worte sagte Frau Haag zu sich selbst und handelte
darnach.

Sie bestürmte Cornelia weder mit Trostgründen noch mit
Ermahnungen. Sie fing nie an von Emil zu sprechen, aber
sie wich dem Gespräche über ihn nicht aus.

Christoph und Christiane erhielten ihre bestimmten Be=
fehle, und fünf Tage nach jenem unseligen, an welchem Emil
das Waldschloß verlassen hatte um nicht zurückzukehren, ver=
ließen Frau Haag und Cornelia mit ihren treuen Dienern

ihren bisherigen Aufenthalt, um niemals wieder dahin zurückzukehren.

Was ihnen von ihren Sachen nöthig war, hatte Frau
Haag einpacken laſſen. Emil's Eigenthum war, in einem Koffer
verwahrt, dem Prieſter übergeben worden, nebſt dem Portrait
der Prinzeſſin Louiſe.

Alle Geſchenke welche Emil ſeiner Geliebten gemacht
hatte, waren zu ſeinen Sachen gelegt worden, nur den Ver-
lobungsring vermochte Cornelia nicht abzuſtreifen, er ſaß feſt
an ihrem Finger, vielleicht hatte ſie auch nicht alle Kraft an-
gewandt, ſich von ihm zu befreien, auch eine Mappe voll
Zeichnungen von ſeiner Hand, behielt ſie. Er hatte die
Skizzen meiſt in ihrer Gegenwart, im Walde gemacht und
dann zu Hauſe mit Waſſerfarben ausgeführt.

Frau Haag wußte aus eigener Erfahrung, daß jeder,
ſelbſt der größte Schmerz mit der Zeit an Heftigkeit verliert,
wäre das nicht der Fall, ſo würde man ja endlich durch große,
wiederkehrende Leiden, alles Lebensmuthes, aller Thatkraft
beraubt werden; aber ſie ſprach nicht zu Cornelien von dieſer
Tröſterin, ſie ließ die Zeit ſchweigend walten.

„Niemand," ſagte ſich die Matrone zu ihrer eigenen Be-
ruhigung, „kann ſich ganz dem Einfluſſe entziehen, den eine
reizende Gegend, ein ſchöner Himmel, ſeltene Kunſtſchätze, der
Verkehr mit geiſtvollen Menſchen auf jeden Gebildeten mehr
oder weniger ausüben."

Sie reiſte mit dem jungen Mädchen an den Rhein und

ließ sich in Koblenz nieder, weil sich von dieser Stadt aus leicht Ausflüge in die herrlichen Umgebungen machen lassen.

Der Zufall machte sie auf dem Dampfschiffe mit einer liebenswürdigen englischen Dame bekannt, welche um ihre Tochter, ein sechzehnjähriges hochaufgeschossenes Mädchen in großer Sorge lebte.

Mrs. Durham war auf den Rath ihres Arztes mit Miß Fany an den Rhein gereist, die Leidende sollte die Trauben= kur brauchen, sollte durch neue, freundliche Umgebungen ihrem Trübsinn, der aus Todesahnungen entstand, entzogen werden.

Die bekümmerte Mutter, das holde, schwache Mädchen erregten die wärmste Theilnahme in den Herzen der beiden deutschen Frauen, und wenn Cornelia sich bemühte durch an= muthiges Geplauder oder durch ihren Gesang die Kranke zu erheitern, vergaß sie auf Augenblicke den eigenen Schmerz.

Zuweilen beneidete Cornelia die kränkelnde Freundin und dachte: wenn ich Fany meine Gesundheit geben und dafür bald alle Qual verschlafen könnte! Aber ein Blick auf das liebe Gesicht ihrer Großmutter, ließ ihr diesen Wunsch wie einen Frevel erscheinen, sollte sie durch ihren Tod noch mehr Kummer über den Lebensabend der theuren Frau bringen!

So schwand langsam der Sommer hin. Die Traubenkur wirkte wohlthätig auf Fany und der Arzt erklärte, wenn Mrs. Durham zum Winter mit ihrer Tochter nach Madeira oder Südítalien ginge, könne die junge Dame auf Genesung hoffen.

Die Engländerin gehörte zu den Glücklichen, welche sich Heilmittel erkaufen können, sie zögerte also keinen Tag, den Rath des Arztes zu befolgen und Frau Haag schloß sich mit den Ihrigen den beiden neu gewonnenen Freundinnen an.

In Florenz begegnete Mrs. Durham einem Verwandten, welcher vor Jahresfrist seine junge, geliebte Gattin verloren hatte und unter Italiens blauem Himmel Heilung für seine Herzenswunde suchte.

Sir Edward Egerton war ein höchst gebildeter, liebenswürdiger Mann, den die sanfte Schwermuth für jedes fühlende Frauenherz doppelt interessant machen mußte, weil er nicht mit ihr kokettirte, sondern sie in sich verschloß und nur unwillkührlich in seinen Zügen aussprach.

Mrs. Durham hatte aufrichtiges Mitleid mit ihrem Vetter, wie alle vernünftigen Menschen sah sie als bestes Heilmittel für seinen Verlust, Ersatz an; und ohne daß es Sir Edward oder Cornelien auffallen konnte, wußte sie Beide oft zusammen zu bringen, indem sie ihn, der Italien schon aus früheren Zeiten kannte, aufforderte, den Cicerone der Damen zu machen.

Unmöglich konnte ein Mann bei Cornelia's großen Vorzügen ungerührt bleiben, langsam überließ er sich dem angenehmen Eindrucke, den ihre Erscheinung und ihr ganzes

Wesen auf ihn hervorbrachte, und allmählich wurde er heiterer,
suchte Cornelia's Nähe auf und bestrebte sich, durch seine
Huldigungen die Neigung des schönen ernsten Wesens zu
gewinnen.

Dreizehntes Kapitel.

Der Diplomat.

Der hohe Bundestag hatte seine letzte Sitzung gehalten,
die Herren Gesandten sagten einander freundschaftliches
Lebewohl, denn Einer wollte zu seiner Erholung nach
Norden, der Andre nach Süden reisen, die Ferien zu genießen,
die armen vielbeschäftigten Herren mußten doch auch einmal
von ihren großen Thaten ruhen.

Die Subalternen dagegen blieben in ihren Kanzleien,
Pässe auszustellen, zu unterschreiben und kleine Ausflüge
nach Wiesbaden, Mainz und Homburg zu machen.

Unter den der — schen Gesandtschaft attachirten Herren
befand sich außer dem geplagten Gesandtschaftssekretär, nur
noch einer in Frankfurt, der Legathionsrath Baron von Rayenhof; auch für ihn hatten die Ferien begonnen, allein er war
noch nicht recht mit sich einig, wie er sie benützen sollte.

Arthur von Rayenhof hatte sich seine Stellung in der
Welt mühsam erringen müssen, denn selbst die reichlichen Zu-
flüsse, welche er von seiner Pathe und Tante, der Gräfin

auf Bieberach erhalten hatte, waren ihm nicht so leicht
wie der Regen vom Himmel in den Schoß gefallen.

„Mein Herzensarthur," sagte seine gute Mutter, als
er zum ersten mal mit ihr seine reiche Tante besuchte,
„Du bist ein verständiger Junge, merke auf das, was ich
Dir sage. Ich bin eine arme Wittwe und habe außer
einem geringen Capital nur die kleine Pension einer Haupt=
mannswittwe. Du hast Geist, Talent, Fleiß, Du mußt
studiren, dazu brauchst Du Unterstützung. Suche dem
Oheim zu gefallen, indem Du seinen Garten bewunderst
und den Blumenfreund spielst, wenn Dein Cousin mit Dir
spielt, so lasse ihm stets den Vorrang, obgleich Du vier
Jahre älter bist. Die Tante nenne zuweilen gnädige
Gräfin, und da sie wirklich eine schöne Frau ist, so sage
es ihr nur recht naiv in das Gesicht, daß sie schön ist.
Gegen die Leute im Schlosse sei höflich, besonders gegen
den alten Kammerbiener, und kommt Besuch von Damen,
so sei aufmerksam wie ein Edelpage gegen Fürstinnen, aber
in solcher Weise, daß Deine Tante immer den Vorzug
erhält."

Diese Lehren trugen Früchte. Arthur machte sich be=
liebt, wurde reich beschenkt und eingeladen als Gymnasiast
und Student stets die Ferien auf Schloß Bieberach zuzu=
bringen.

Sein eiserner Fleiß machte ihn zum besten Schüler,
mit den glänzendsten Zeugnissen kehrte er von der Uni=

verſität zurück und wurde von ſeiner Mutter mit Stolz
und Freude, in Bieberach, wohin er ſich von Berlin aus
begab, mit Wohlwollen empfangen.

Die Gräfin brachte ihren Schützling, den auch bedeu=
tende Sprachkenntniſſe empfahlen, durch ihren Einfluß bei
der —ſchen Geſandſchaft als Secretär an und nach drei
Jahren hatte er ſich zum erſten Attaché, mit dem Titel
Legationsrath emporgearbeitet.

Sein Gehalt war ein, für ſeine Stellung und ſeinen
alten Namen ſehr geringer, allein die Tante vergaß nie=
mals, als Antwort auf ſeine Neujahrsgratulation eine An=
weiſung auf Beethmann beizulegen, die ihn in den Stand
ſetzte, ſich mit einigem Luxus zu umgeben, und ſeine Mut=
ter zu beſchenken.

Arthur liebte dieſe wirklich, er war nicht ohne Herz,
er empfand Anhänglichkeit für den Grafen auf Bieberach
und für ſeinen jungen Couſin, er war dankbar für die Ga=
ben der Tante, und würde ſich zum vortrefflichſten Cha=
rakter entwickelt haben, wenn er — nicht mühſam Alles,
aber auch Alles ſich hätte erringen müſſen.

Der Unbemittelte fühlt ſich neben dem gleichfalls un=
bemittelten Verwandten oder Freunde zufrieden; das in
alle Sprachen aufgenommene Sprüchwort: „Gleich und Gleich
geſellt ſich gern,“ iſt durchaus wahr! Der Arme jedoch paßt
nicht zu dem reichen Freunde, und fühlt ſich neben dem

begüterten Verwandten gedrückt, selbst wenn er nicht neidisch ist.

Wenn Arthur in Bieberach seinen Vetter wie einen Fürsten auf diesen schönen Gütern schalten und walten sah, wünschte er sich ein, wenn auch nur kleines Grundeigenthum.

Jedesmal, wenn Ferien waren, ärgerte ihn sein Minister mit der stereotypen Bemerkung: „reise morgen ab, gehe auf meine Güter. Was thun Sie, lieber Rayenhof? Gehen wohl nach Bieberach, eine prachtvolle Besitzung, eine der schönsten die ich kenne. Haben da Gelegenheit zu sparen, was ein Attaché ohne Vermögen thun muß. Empfehlen Sie mich der gnädigen Frau Tante vielmals angelegentlichst!“

Einmal wurde Arthur krank, weil er den heftigen Aerger, welchen ihm die alte Excellenz bereitete, noch mit einer tiefen, dankbaren Verbeugung erwiedern mußte, als dieselbe ihm zu sagen beliebte: „haben eine Eroberung gemacht, kein Wunder, ein so interessanter, gescheidter junger Mann wie Sie. Haben jetzt brillante Aussichten, die Schwester des Premierministers in *₊* hat eine zarte Passion für Sie.“

„Aber Papa,“ rief das naseweise Töchterchen der Excellenz, „wie kannst Du so mit dem Baron scherzen, und warum spottest Du über die arme Seraphine, sie ist vier-

zig Jahre alt und denkt nicht an das Heirathen, dazu
ist sie von so erschreckender Häßlichkeit —"

„Pah, pah! Du kennst die Welt nicht. Gräfin Seraphine ist erst achtunddreißig Jahre alt, also etwa zehn
Jahre älter als Rayenhof; sie denkt seit kurzem sehr an
die Ehe, denn sie hat eine halbe Million geerbt, wer Geld
hat, ist niemals häßlich, und an Rayenhof's Stelle ginge
ich und legte mich sofort der Dame zu Füßen!"

Arthur war sehr empfänglich für Frauenschönheit, er
war fähig zu lieben, aber seine Neigung fiel auf eine
junge Dame, um die er sich nicht bewerben durfte, wenigstens nicht in seiner jetzigen Stellung, er liebte Klothilde
Barnefeld, und mußte es lächelnd anhören, wie seine
Tante ihm klagte, daß Klothilde ihren Sohn heimlich
liebe, er sollte dazu beitragen, daß sein Vetter die junge
Gräfin zum Altare führe.

Daß der schwärmerische Graf zu Bieberach dies nicht
thun würde, davon war Arthur fest überzeugt, und deshalb war er damals bereitwillig auf den Wunsch seiner
Tante eingegangen, den jungen Grafen aufzusuchen und
nach Bieberach zurückzubringen.

Von seinem Verleger zurückkehrend, denn Arthur hatte
in den letzten Monaten zwei politische Brochüren geschrieben, welche doppeltes Aufsehen erregt hatten, obwohl oder
vielleicht weil sie pseudonym erschienen waren, ging er in
seine Wohnung auf der Mainzer Straße.

Er bewohnte einige Zimmer im dritten Stockwerke im Hôtel seines Gesandten. Es war jetzt, wo die Excellenz nebst Familie und Dienerschaft abgereist war, sehr still in dem großen Gebäude.

Als er in sein Zimmer trat, ließ er sich in seinen Lehnstuhl fallen. Sein Diener hatte die Marquisen herunter gelassen, die Fenster geöffnet, Blumen und Obst auf den Tisch gestellt und Briefe daneben gelegt.

Arthur öffnete die Schreiben der Reihe nach, wie sie eben lagen.

Das erste war von einem Universitätsfreunde, welcher ihm anzeigte, daß sein Oheim plötzlich gestorben, und er dadurch Erbe seines schönen Gutes geworden sei. Wenn Arthur seine Ferien beginne und ihn auf seinem Schlosse besuchen wolle, würde derselbe ihn herzlich willkommen heißen.

Das zweite enthielt die Verlobungskarte seines Pathen, des General von Bernheim. Die Braut war ein schönes, armes Fräulein, seine Cousine väterlicherseits.

„Armes Clärchen Rayenhof," sagte Arthur, „du mußt einem Greise die Hand geben, der dich vielleicht mit Launen und Eifersucht quälen wird, damit deine Mutter und deine jüngeren Geschwister versorgt werden! Unglücksgefährtin! Aber, ich bin ein Mann, und kann mit dem Schicksal kämpfen — armes Mädchen!"

Er erbrach den dritten Brief, seine Tante schrieb:

12*

„Theurer Neffe,

ist es Ihnen möglich, so kommen Sie bald, recht bald nach Bieberach, wo ich immer noch bin, da an eine Vergnügungsreise jetzt nicht zu denken ist. Ihr diplomatisches Genie hat mir schon mehr als einen großen Dienst geleistet, wenden Sie es wieder einmal zu meinem Nutzen an; Ihnen muß ja Alles, was Sie unternehmen, gelingen.

Die kleine Anweisung auf Beethmann wollen Sie als gehorsames Pathenkind, und ergebner Neffe von Ihrer Ihnen herzlich zugethanen Tante freundlichst annehmen.

Gegen Befehle von Damen darf kein Cavalier sich auflehnen.

Ihre Sie herzlich grüßende Tante·
Bieberach d. 4. August 18—

Isabella Gräfin zu Bieberach,
geborne Gräfin von —ingen.“

„Hm, was verlangt die Tante wieder? Was soll es sein, was kann ich thun? Eine anständige Summe das, die ich wahrhaftig lieber nicht nehme. Ich wollte ich hätte jener Geschichte ihren Lauf gelassen, obendrein war die ganze Einmischung von der Tante, so wie von mir, recht überflüssig. Trage diesmal gar kein Verlangen nach Bieberach zu gehen!“ so ungefähr sprach Arthur zu sich selbst, und fuhr sich mit der Hand über die Stirn, als wolle er peinliche Erinnerungen wegwischen.

Endlich nahm er den großen Brief, der mit dem Amts=
siegel versehen war, vom Tische und brummte: „was wird
das sein? Wahrscheinlich eine Menge Aufträge, Arbeiten,
welche ich machen soll, und wofür Excellenz Lob, hohe
Orden und großen Gehalt bekommen. Oder meine unter=
thänige Bitte um Versetzung ist abschläglich beschieden wor=
den. Man kennt das!"

Mürrisch erbrach der Baron das Siegel, seine Augen
wurden immer größer, seine Wangen rötheten sich, er war
so entzückt, daß er das Bedürfniß fühlte, einer theilneh=
menden Seele sein Glück mitzutheilen. Stürmisch zog er
die Klingel, sein treuer Diener trat ein, der einzige fremde
Mensch, den der Baron ohne die geringste Beimischung
von Eigennutz gern hatte.

„Georg, ehrlicher Bursche, es ist mir lieb, daß Du eben
zu Hause bist. Bestelle mir sofort einen Wagen, ich muß
zu Beethmann, dann packe ein, in dre iStunden geht es
fort!"

„Zu Befehl, Herr Legationsrath!"

„Diesen Titel führe ich nicht mehr, Georg. Hier, die=
ses Schreiben enthält meine Ernennung zum Minister=Re=
sidenten in Rom und zu meinen unbedeutenden herzog=
lichen Orden ist ein höherer gekommen, also der Anfang
wäre gemacht!"

„Ich gratulire unterthänigst, Herr Baron, nun heißt
es wohl Excellenz?".

„Dieses hier ist nur ein vertrauliches Schreiben vom Minister des Auswärtigen, meine offizielle Ernennung kommt in einigen Tagen, also weiß ich noch nicht, wie es mit dem Prädicat Excellenz sein wird. Du aber, Georg, wirst jetzt zum Haushofmeister ernannt, nimm noch einen brauchbaren deutschen Diener für mich an und — doch das Alles bespreche ich später mit Ihnen, mein lieber Haus= hofmeister. Jetzt holen Sie mir den Wagen, heut Abend, ehe im Schlosse Alles zur Ruhe gegangen ist, will ich in Bieberach sein."

Arthur war nicht der Mann des Säumens, er dachte und handelte rasch, obgleich er mit den Vertretern des theuern hohen Bundestags umging. Sein Diener kannte seines Herrn Weise und beeilte sich, und als der Abend= stern im schönsten Glanze funkelte, stand der Baron auch schon, eben angekommen, im Schloßgarten zu Bieberach, denn er hatte den Weg durch das Dorf zu Fuße gemacht, weil er nicht eher in das Schloß gehen wollte, bis er die Gräfin unter vier Augen gesprochen hatte.

Im Garten fand er den Untergärtner und das Kam= mermädchen plaudernd, und wurde von beiden ehrerbietig begrüßt.

„Es ist auf eine Ueberraschung abgesehen, Julie," sagte der Baron, „wo finde ich meine gnädige Tante?"

„Die gnädige Gräfin befinden sich in Barnefeld, es

wird heute der Geburtstag der Comtesse gefeiert, sie werden vor Mitternacht nicht zurückkehren."

„Und — und der Herr Graf —" sagte der Baron fast flüsternd.

„Der gnädige Herr Graf befinden sich, wie fast immer, in seinem Gemache und schreiben, sie schreiben den ganzen Tag."

„Dann will ich ihn nicht stören, auch ich bin ermüdet. Die Frau Gräfin hat mich eingeladen, also wird wohl mein Zimmer in Stand gesetzt sein."

„Zu Befehl, Herr Baron, aber soll der Kammerdiener Sie nicht dem gnädigen Herrn Grafen melden?"

„Nein, nein, ich will zuerst der Frau Gräfin meine Aufwartung machen."

Am andern Morgen, als Baron Rayenhof kaum sein Frühstück zu sich genommen und seine Toilette gemacht hatte, wurde er zu seiner Tante beschieden, welche er in ihrem Schreibcabinet fand.

Bei seinem Eintritte überflog ein Lächeln das Gesicht der Gräfin, sie streckte ihm ihre beiden Hände entgegen und rief: „willkommen Arthur, willkommen auf Bieberach!"

„Wie befinden Sie sich, gnädige Tante?" er that die Frage halblaut, denn das Aussehn der früher so blühenden, stattlichen Frau hatte sich sehr verändert.

„So leiblich, als es bei meinen Sorgen möglich ist!" Die Gräfin seufzte tief, Arthur schwieg.

„Du wirst Deinen Vetter sehen, seine schwere Krank=
heit hat er überwunden, sein körperlicher Zustand ist etwas
befriedigender, aber sein Gemüth hat furchtbar gelitten,
und ich hoffe, Sie, mein lieber Neffe, werden durch Ihre
Gesellschaft wohlthätig auf ihn wirken!"

„Was ich vermag soll geschehen, beste Tante!"

„Sie werden doch Ihre Ferien in Bieberach zu=
bringen?"

„Wenn meine Geschäfte es zulassen, ich bin als Mi=
nister=Residentt nach Rom versetzt."

„Gratulire herzlich, Arthur!"

„Danke unterthänigst, gnädige Tante. Ich habe aber
überhaupt zu danken für —"

Sie legte ihm graziös die Hand auf den Mund.

„Sie haben damals sehr gewandt operirt, Arthur, ich
war entzückt, auch haben Sie wohl eine große Blamage
von der Familie abgewandt, aber die Folgen für meines
Sohnes Gesundheit waren bei seinem Naturell, das kein
Andrer zu berechnen vermag, doch sehr traurig."

„Gnädige Tante, ich handelte in Ihrem Auftrage."

„Mache ich Ihnen denn Vorwürfe, theurer Arthur? Sie
handelten als umsichtiger Diplomat, Sie verhüteten das
Schlimmste, nur konnten Sie sich nicht diese mächtige Wir=
kung vorstellen. Als ich meinen Sohn in Lebensgefahr
sah, da wollte mir das Herz brechen, ich habe mich von
meiner Nervenerschütterung auch noch immer nicht erholt,

aber als die Aerzte ihn für gerettet erklärten, da dankte ich Gott und Ihnen, daß durch ihre Klugheit die mir höchst widerwärtige Verbindung abgebrochen worden war. Mein Sohn hätte sie ja doch früher oder später schmerzlich bereut. Nur sagen Sie mir, lieber Arthur, wie Sie es angestellt haben!"

„Lassen Sie das mein Geheimniß sein, gnädige Tante!"

„Mein Sohn muß aufgeheitert, muß zerstreut werden!"

„Er sollte auf Reisen gehn!"

„Ja, aber er will nichts davon wissen, auch habe ich so meine Bedenken!"

„Freilich!"

„Und dann ist Graf Louis, er wird jetzt wirklich lästig!"

„Was will denn dieser Schwätzer? Ich bin, wie ich Ihnen schrieb, bei ihm gewesen, habe mir das Document, auf welches er pochte, zeigen lassen, es hat gar keine Rechtsgültigkeit. Das ganze Ding ist ohne Unterschrift von Zeugen, angeblich vom Urgroßvater Ihres verstorbenen Gemahls und des Grafen Louis geschrieben; bei keinem Gerichtshofe ist eine Abschrift niedergelegt, es ist eine wahrhaft belachenswerthe Behauptung, mit welcher Graf Louis nur eine Frau in Schreck versetzen kann."

„Ach, lieber Arthur, er quält mich jetzt auf andere

Weife. Meines Sohnes tiefe Melancholie, seine Abnei=
gung gegen alle und jede Beschäftigung, seine Flucht vor
Besuchen, seine Gleichgültigkeit gegen die viele, ihm be=
wiesene Theilnahme, seine kuriose Beschäftigung, sein Ver=
kehr mit Zigeunern, alles das hat dem Grafen Louis
Stoff liefern müssen, meinen Sohn für geisteskrank auszu=
schreien, der boshafte, habgierige Mann will ihn unter
Curatel stellen lassen, als wäre er unfähig die Güter zu
verwalten, welche, falls mein Sohn ohne Söhne stirbt, an
Graf Louis und seinen Sohn fallen, ach und mein armer
Leidender denkt nicht daran sich zu vermählen!"

Mit tiefem Antheile hatte Arthur zugehört, ein tiefer
Seufzer drang aus seinem gequälten Innern.

„Was für wunderliche Beschäftigungen macht sich denn
mein Vetter, und was ist das mit den Zigeunern?" fragte
Arthur.

„Er schreibt den ganzen Tag Briefe, adressirt jeden
selbst immer an eine und dieselbe Person, aber jeden in
eine andere Stadt; so hat er wohl über hundert Briefe
geschrieben, und da er sie durch den Kammerdiener auf
das nächste Postamt gesandt hat, so ist über diese sonder=
bare Briefschreiberei in der ganzen Gegend gesprochen
worden!"

„Das ist natürlich!"

„Ferner hat sich hier in der Gegend eine Zigeuner=

ande herumgetrieben, und mein Sohn hat sie aufgesucht, um sich prophezeihen zu lassen!"

„Deßhalb soll er wahnsinnig sein? Thorheit!"

„Darum nicht, aber er glaubt an die Aussprüche der Zigeunerkönigin, welche ihm gesagt hat, sein Glück würde zu ihm in das Schloß kommen, darum ist er zu keiner Reise zu bewegen."

Jetzt öffnete der Page die Thüre, leise und langsam trat der Graf ein.

Er reichte dem Baron die Hand, und sagte freundlich: „es ist schön von Dir, Arthur, daß Du gekommen bist!"

Arthur wechselte die Farbe.

O wie verändert war das Aeußere des jungen, früher so kräftigen, schönen Mannes. Die edle Gestalt war gebeugt, seine Hand fast durchsichtig, das Antlitz bleich, sein ehemals lockiges, volles Haar hing dünn und glatt um sein Haupt, aus seinen Zügen sprach der vollkommenste Lebensüberdruß.

Arthur fragte nach seinem Befinden, freute sich, daß der Graf sich doch wieder außerhalb des Zimmers aufhalten könne, und redete von Reisen.

Der Graf schüttelte den Kopf.

„Laß uns in den Garten gehn!" sagte er freundlich.

Arthur bot ihm den Arm, die jungen Männer schritten langsam unter den Linden auf und ab.

„Fühlst Du Dich kräftiger, lieber Vetter?" fragte Arthur
fast zärtlich.

„Oh, mein Körper erholt sich, nur mein Herz ist krank.
Komm Arthur, lasse uns hier sitzen. Ich bitte Dich, sei
vollkommen aufrichtig, Du sprachst wahrhaftig an jenem
Morgen nicht mit ihr?"

„Wie ich Dir schrieb, Emil, ich sah sie nur einen
Augenblick!"

„Und meine Zeilen?"

„Konnte ich nur der alten Dame geben!"

„Und — verzeihe mir, aber ich bin so unglücklich,
wahrlich, Arthur, Du mußt mir verzeihen, denn ich will
Dich nicht verletzen, und, sagtest nichts gegen meinen Charakter?"

„Oh, mein armer Emil, Du bist wohl sehr krank oder
tief unglücklich, daß Du einen Augenblick glauben kannst,
daß ich Dich, meinen Verwandten, meinen liebsten Freund
herabsetzen könnte, und — wozu?"

„Allerdings! Ich gestehe, ich kann die wunderliche,
ganz unbegreifliche Abreise mir auf keine Weise erklären!"

„Vielleicht, doch das sind nur unbestimmte Vermuthun-
gen von mir, vielleicht gingen die Damen nicht ganz freiwillig. Ist Dir Alles aus ihrer Vergangenheit bekannt?"

„Ich glaube, wenigstens hat mir die alte Dame ihre
ganze Lebensgeschichte erzählt."

„Und Du ihr die Deine?"

„Nein! Das ist mein Unrecht, allein bei ihrer ent=
schiedenen Abneigung gegen den Adel, wagte ich nicht
meine Verhältnisse vor meiner Trauung zu entdecken. Die
Matrone hat etwas von dem starren Sinne der Römerin=
nen, und dem Stolze meiner Mutter würde sie entschie=
bene Abweisungen entgegengesetzt haben!"

„Emil, die Hand auf das Herz, fürchtest Du ihn nicht
selbst?"

„Ich hasse Scenen, ich zeige meiner Mutter ungern,
daß ich mündig und Herr meines Thuns bin. Hätte
meine Mutter Nichts ändern können, würde sie sich gefügt
haben."

„Bieberach verlassen haben!"

„Vielleicht, aber sicher in Frieden; sie hat einen schönen
Sitz in Abermannsdorf, in der Residenz ein Palais, zu
was also hätte sie mein Lebensglück zertrümmern sollen."

„Ihr Plan mit Klothilden —"

„Ein gutgemeinter mütterlicher Wunsch, ich kann ihn
nicht erfüllen!"

„Was willst Du thun? Was hoffst Du noch?"

„Ich hoffe Alles und Nichts! Ach, lieber Arthur,
Liebe kann von Hoffnung nimmer lassen! Thun? Was
soll ich thun? Wie kann ich eine Frau finden, die sich
verbergen will?"

„Ueberlässest Du mir Nachforschungen?!"

„Mit Freuden!" —

Die jungen Männer schüttelten einander die Hände.
Emil war heute heiterer als seit Monaten. Arthur machte
mit großer Sorfalt Toilette, dann bat er sich den leichten
Wagen aus, und fuhr nach Barnefeld.

Jetzt, als Minister-Resident, konnte er schon wagen,
als Bewerber um Klothilben aufzutreten.

Graf Barnefeld, seine Tochter, die Wittwe ihres Cousins
des Grafen Barnefeld und Comteffe Klothilde hatten den
Baron Rayenhof immer gern gesehen; jetzt wurde er mit auf-
richtigen Glückwünschen empfangen, und mit dem lieblichsten
Erröthen der jungen Dame.

Auf einem Spaziergange durch den Garten sagte er
genug von seiner Verehrung für sie, und wandte das Gespräch auf seine Weise auf des Grafen zu Bieberach
Krankheit.

„Ich beklage ihn herzlich, denn er war mir stets ein
lieber Jugendfreund," sagte sie und sah den Baron
voll an.

„O! und nicht mehr, in Wahrheit nicht mehr?"

„Fragen Sie für Ihren Vetter oder —" und erschrocken über ihre Aufrichtigkeit vollendete sie den Satz
nicht.

„Für mich, theure Klothilde, für mich, denn schon lange
trage ich Sie im Herzen, aber erst jetzt, nachdem ich mir
eine Stellung errungen habe, darf ich es wagen Ihren

Großpapa zu fragen, wenn Sie, theuerste Klothilde es mir
erlauben —"

„Lieber Baron, lassen Sie mich wahr sein. Ja, ich
habe, ich glaube, ich — gewiß sind Sie mir theuer, aber
um keinen Preis der Welt würde ich mich ohne Zustimmung meiner Familie verheirathen. Die Gräfin von Bieberach hat meinen Großvater für ihre Pläne eingenommen,
seit Jahren trägt sich der alte Herr und meine Mutter
ebenfalls, mit der Idee, die Herrschaften Bieberach und
Barnefeld vereint unter dem Fürsten Bieberach und Barnefeld zu sehen und mich als Fürstin. Ihre Bewerbung
um mich würde zurückgewiesen werden, vielleicht auf ver-
letzende Weise. Bevor der Graf zu Bieberach nicht vermählt ist, blüht für Sie und mich keine Hoffnung!"

Der Diplomat sah bestürzt zur Erde nieder, so hatte
er sich denn durch seine gewissenlose Einmischung, die das
Lebensglück seines Verwandten und eines edlen Mädchens
zerstörte, vielleicht sein eigenes vernichtet.

Aeußerlich jedoch gewann er bald seine Fassung wieder.

„Bleiben Sie mir nur treu und hold," sagte er, „ich
hoffe, und ich werde Nichts zu thun unterlassen, was uns
an das Ziel führen kann!"

Wie immer, ging er auch sofort an das Werk, er
schrieb an alle Gesandtschaftssekretäre um Erkundigungen
über den Aufenthalt einer Frau Oberstin Haag einzuziehen,
und auch an mehrere Consuln und Banquiers. Aufrufe

in den Zeitungen hielt er für das verkehrteste Mittel, da
sich die Damen offenbar verbergen wollten.

Er versicherte dem Grafen, daß er nichts unversucht
lassen würde, die Verschwundenen zu finden, und verließ
seinen Vetter in viel besserer Stimmung als er ihn gefun=
den hatte.

„Sie sind ein Zauberer, lieber Arthur," sagte die
Gräfin, als er ihr beim Abschiede die Hand küßte, „mein
Sohn ist ein ganz andrer Mensch geworden. Auch zu
einer Reise hat er wieder Lust, und ich werde ihn wahr=
scheinlich begleiten."

„Und wohin, gnädige Tante, wollen Sie sich wen=
den?"

„Darüber sind wir beide noch ungewiß, aber wundern
Sie sich nicht zu sehr, wenn ich eines Tages nach Rom
komme, um zu sehen, wie Sie sich dort als Minister=Resi=
dent gefallen!"

Vierzehntes Kapitel.

Der Landschaftsmaler.

An einem recht naßkalten Februarabend saßen in dem
Salon der liebenswürdigen Gräfin von F... drei Damen
und zwei Herren im eifrigen Gespräch.

„Da schreibt mir die liebe Cousine wieder einen ihrer

Klagebriefe, und verlangt bessere Nachricht über ihren Sohn, aber was kann ich antworten? Ist Graf Bieberach nicht immer noch so melancholisch und apathisch als voriges Jahr, oder finden Sie ihn anders, Graf Breda?"

„Die Wahrheit zu sagen, nein, gnädige Gräfin, er erträgt das Leben, aber er lebt nicht!"

„Wenn seine Mutter nur die Heirathspläne, die sie für ihn macht, aufgeben wollte. Welch' Mädchen möchte die Frau dieses schwermüthigen Mannes werden?" sagte eine junge Dame, und rümpfte ihr hübsches Näschen.

„Arbeiten müßte Bieberach, aber in andrer Weise als bisher!" sprach der Baron Feuchtersleben, einer der berühmtesten Aerzte Wiens.

„Wie," rief die jüngere Gräfin F..., „er thut den langen lieben Tag gar nichts?"

„Und was thun Sie, wenn ich fragen darf, schöne Gräfin?" neckte Graf Breda.

„Als ob ich nichts thäte, mein Lieber. Ich stricke nicht nur, gleich unsrer frommen Kaiserin Anna, dann und wann eine Stola — die Majestät strickt ganze Meßgewänder höchst eigenhändig und sehr geschmackvoll — ich mache nicht nur allerlei andere künstliche Arbeiten, welche zum Besten der Armen verloost werden, ich kümmere mich im Sommer mit meiner Schwägerin um die Wette um die Armen auf Moritzens Gütern, besuche die Schulen, ich bringe den Virtuosen und Sängerinnen Concertbilletts unter, ich —"

Hahn, der Verschwundene. 13

„Gnade, Gnade, Gräfin! Was ist dann unsers ersten Ministers, und gar eines armen Kämmerers Arbeit gegen solche Thätigkeit!"

„Ich muß Bieberach gegen den Vorwurf gänzlicher Unthätigkeit in Schutz nehmen. Er kümmert sich um die Verwaltung seiner Güter, weist Gelder zu nöthigen Bauten für die Schulen und Armen an, er malt und zwar künstlerisch, aber er müßte Soldat sein, wohlbemerkt in Kriegszeiten, und wollte er zur Armee gehen, würde er seiner Mutter das Herz brechen! Eine Geist und Körper gleich anstrengende und ermüdende Arbeit müßte er vollbringen. Das könnte ihn retten!"

„Da soll er sich bemühen eine Oper oder ein Drama von einem noch nicht genug bekannten und höchst talentvollen Autor zur Aufführung zu bringen," sagte lachend Graf Breda. „Ich ärgere mich stets, wenn in Romanen Künstler, Dichter dargestellt sind, denen man sogleich alle Pforten öffnet, oder wenn man in Biographien großer Meister von besondern Huldigungen ihrer Zeitgenossen redet, die sie empfangen haben sollen. Als ob das Publikum nicht zu allen Zeiten sich gegen die größten Geister am neidischsten und absprechendsten zeigte."

„Ei, wenn Sie heute so lebhaft Parthei für zurückgesetzte Künstler nehmen, kann ich wohl gleich für meinen Maler sprechen, der mir ein, wie ich glaube, höchst werthvolles Gemälde gesandt hat. Ich habe Lust es zu kaufen, und vielleicht empfehlen Sie, meine Herren, dann den jungen Künstler weiter.. Er ist der Sohn eines Land= schullehrers und eben so arm an Geld, wie reich an Talent."

„Dürfen wir das Gemälde sehen?" fragte Feuch= tersleben.

„Gewiß!"

Die Gräfin stand auf, ließ noch einige Lichter und Lampen bringen, rückte die Staffelei zurecht und nahm das Gemälde ab.

„Herr Graf zu Bieberach!" meldete der Kammer= diener.

Der Graf folgte dem Diener auf dem Fuß.

Er sah fast wieder so jung und schön, vielleicht noch einnehmender aus, wie zu der glücklichen Zeit, wo er an Cornelia's Seite seinen seligen Jugendtraum geträumt hatte, aber ein schwermüthiger Zug um den Mund war ihm geblieben, und aus seinen Augen leuchtete nicht der geringste Schimmer von Lebensfreudigkeit.

„Herrlich," sagte Graf Breda, ohne sich durch Bie= berach's Eintritt in der Beschauung des Bildes stören zu lassen. „Ein prächtiges Gemälde! Da im Vordergrunde die alte malerische Eiche, im Hintergrunde der wunderlich gestaltete Felsen, und wie sorgfältig Alles ausgeführt, jedes Blatt, die wilden Rosen, da die schwarze Kiefer,

13*

das Gemälde wird Jedem, dem nicht aller poetischer Sinn abgeht, gefallen.“

Graf Bieberach hatte die Damen begrüßt und wandte sich zu Breda, aber kaum hatte er einen Blick auf die Landschaft geworfen, so ward er todtenbleich und würde zu Boden gesunken sein, wenn ihn nicht Graf Breda aufgefangen und mit Hülfe des Arztes auf das Sopha getragen hätte.

Die jüngeren Damen entfernten sich, die Frau vom Hause reichte dem Baron Cöllnisches Wasser und sagte leise: „nun Gott, der Graf stirbt wohl?“

„Ist nur ohnmächtig, liebe Gräfin, in Folge heftiger Gemüthsbewegung, er wird gleich wieder zum Bewußtsein kommen.“

Der Ausspruch des Arztes bestätigte sich, Emil öffnete die Augen und stand auf, den Anwesenden für ihre Mühe und Theilnahme dankend. Rasch trat er vor das Gemälde und betrachtete es lange, ohne ein Wort zu sprechen, mit der größten Aufmerksamkeit, dann ließ er sich in den Stuhl, der vor der Staffelei stand, fallen, legte die Hände vor das Gesicht und schluchzte convulsivisch.

„Mein armer, lieber Bieberach,“ sagte Graf Breda im sanften Tone, dem die Thränen des starken jungen Mannes das Herz zerschnitten: „haben Sie oft solche Anfälle?“

„Nein, lieber Breda, ich habe, seit ich am Sarge mei-

nes Vaters stand, nicht wieder geweint, selbst damals nicht
in solcher Weise. Aber diese Thränen sind ein Labsal für
mich, seit zwei Jahren und drüber leide ich, oh! Aber jetzt
ist mir leichter, ja ich hoffe, ich sehe wieder hellere Tage."

Er reichte seinen theilnehmenden Freunden herzlich die
Hände.

„Wo haben Sie das Gemälde her, meine Gräfin?"
fragte er lebhaft.

„Von einem jungen Maler, der vielleicht heute Abend
noch kommt, den Thee bei mir zu trinken, da es ihm bekannt
ist, daß ich stets Donnerstags zu Hause bin."

„Wollen Sie mir ein Gespräch unter vier Augen mit
ihm erlauben?"

„Natürlich, lieber Graf!" erwiderte verbindlich die
Gräfin.

Wie gerufen trat in diesem Augenblicke der Maler ein.
Die Gräfin stellte ihn dem Grafen Bieberach vor, und dieser
zog ihn in das anstoßende Gemach.

„Verzeihen Sie, mein Herr, wenn ich Sie mit Fragen
belästige, allein es ist für mich vom höchsten Werthe, sie aufrichtig beantwortet zu bekommen. Wann und wo malten
Sie das vortreffliche Bild, welches im Cabinet der Gräfin
steht?"

„Vor ungefähr zehn Monaten, in Rom!"

„Ist es Composition von Ihnen, oder haben Sie jemals eine Waldgegend wie diese gesehn?"

„Ich war so glücklich, in Rom zwei jungen, höchst talentvollen Damen Zeichnenunterricht zu ertheilen. In der Mappe der einen dieser Dame sah ich eine höchst genial nur in Wasserfarben flüchtig ausgeführte Skizze, ich bat um die Erlaubniß, dieselbe copiren zu dürfen, um sie in Oel auszuführen, und die junge Dame gewährte mir diese Bitte gern. Sie kaufte mir die Landschaft ab, ich copirte sie aber nochmals für mich."

„Der Name der Damen?" sagte Emil, und sein Herz drohte zu zerspringen.

„Ich weiß nur, daß die Mutter der einen Dame Mrs. Durham genannt wurde, die jungen Damen nannte man nach italienischer Sitte mit ihren Taufnamen Signora Fany und Signora Cornelia."

„Die eine, Signora Cornelia, war eine Deutsche?"

„Ich glaube ja, obgleich sie vortrefflich Italienisch sprach, sie ist bewundernswürdig schön!"

„Wollen Sie mir Ihre Adresse geben?"

„Gern würde ich es, allein die Damen reisten, bevor ich Rom verließ, ab, ich glaube nach England. Ein liebenswürdiger Engländer, Sir Edward Egerton, bewarb sich um Signora Cornelia, aber ich glaube nicht, daß er Gnade bei ihr finden wird."

„Und, mein theurer Herr, war Signora Cornelia heiter?"

„Ich sah sie oft, immer artig, selten anders als mild, aber fröhlich habe ich sie niemals gefunden!"

Fünfzehntes Kapitel.

Das Jubelfest.

Im Hochsommer des Jahres 185 — herrschte wohl in keiner Residenz Europas, selbst nicht in dem riesenhaften London oder dem heitern Paris so viel Leben und wahrhafte Fröhlichkeit in den Häusern und auf den Plätzen und Straßen, als in *, denn dort wollte ein wahrhaft zufriedenes, glück= liches Volk das Regierungsjubläum seines geliebten Landes= vaters feiern.

Schon acht Tage vor dem Feste konnte man mit Schiller sagen:

> „Das weite Rheims faßt nicht die Zahl der Gäste,
> Die wallend strömen zu dem Völkerfeste.“

Die Stadt, an sich schon reizend, und durch einen an= muthigen Park, mit Grün geschmückt, glich einem Zauber= garten. Alle Häuser waren mit Fahnen und Flaggen, mit Kränzen und grünen Zweigen geziert, und besonders anmuthig nahmen sich die immer frisch bleibenden Blumen in Aschen aus, mit welchen alle Fenster besetzt waren.

In dem Salon des ersten Stockwerkes eines der ersten Hotels befanden sich vier Damen beim Frühstück, der Eintritt eines Herrn unterbrach sie nicht in ihrer Beschäftigung; die jüngste, eine zarte Blondine, rückte näher an ihre Mutter hin

und sagte lachend: „Sie haben herrlich für uns gesorgt,
Cousin. Eben fuhren wieder zwei Wagen voll Reisender
fort, weil der Besitzer des Hotels keinen Platz mehr für sie
hat. Daß eine solche Menschenmasse hierherkommen würde,
habe ich nicht für möglich gehalten!"

„Aber ich, beste Cousine. Darum habe ich auch schon vor
vier Wochen Zimmer in diesem Hotel bestellt, denn Vorsicht —"

„Ist die Mutter der Weisheit!" fiel ihm das hübsche
Mädchen in die Rede.

„Wollen Sie eine Tasse Thee trinken Sir Edward?"

„Danke, nein, Mrs. Durham."

„Was beginnen wir heute?" fragte Jany.

„Wenn es den Damen angenehm wäre, wollte ich Ihnen
einen Gang durch die Stadt vorschlagen, die geschmückten
belebten Straßen zu sehn."

„O wie herrlich! Ich bin dabei, was sagst Du
Mama?"

„Wir wollen doch erst hören was unsre verehrte Mama
und Cornelia wünschen," erwiederte Mrs. Durham. „Ich,
meine liebe Mrs. Durham, wünsche ruhig hier zu bleiben,
mich ermüdet ein solcher Gang, ich brauche meine ganze
Kraft um morgen den Festzug zu sehn, und dem Hochamte
in der Kirche beizuwohnen."

„Aber Cornelia."

„Ich will bei Großmama bleiben, ich habe ebenfalls wenig
Vergnügen an solchen Gängen."

„Wie? Und doch wollte Ihre Großmama durchaus hierher?"

„Ja, denn für mich hat das Fest seinen Werth, aber nicht nur wegen der geschmückten Stadt," sagte Frau Haag und lächelte.

„So wollen wir Zwei uns Ihrer Führung anvertrauen Sir Edward. Nimm Hut und Shawl Fany. Recht so, auch ich bin fertig. Adieu Mama, auf Wiedersehn Cornelia."

Sir Edward machte den Damen sein Compliment und Frau Haag sah sich mit ihrer Enkelin allein.

„Lasse unsre Freunde ihr Vergnügen haben," sagte die Großmama, „ich bin lieber hier. Auch Du Cornelia ziehst es vor, bei mir zu bleiben, und ich sehe nun wohl, daß Sir Edward's beständiges und achtungsvolles Werben vergeblich ist. Diesem Manne hätte ich Dich am liebsten gegönnt, wenn ich sterbe stehst Du ganz allein!"

„Liebe Großmama, vielleicht wäre ich mit Emil nicht so glücklich geworden als ich träumte, aber wenn ich auch dies zuweilen denke, so habe ich ihn doch deshalb weder vergessen, noch aufgehört zu lieben. Ich weiß es wohl, die meisten Menschen suchen für Verlust Ersatz, ich tadele sie nicht darum, guter Gott, ich beneide sie, aber ich bin anders geartet, ich kann nicht ohne inneres Grauen daran denken, daß ich mein Herz einer neuen Liebe öffnen soll. Es ist nicht Eigensinn und Du Mama, kannst und wirst mich nicht tadeln, sondern verstehn. Bist Du doch, Du die sechzigjährige

Matrone, hierhergereist um, wenn auch in veränderter Ge=
stalt, den Geliebten Deiner Jugend wiederzusehn, der Alles
das geworden ist, was Du von ihm erwartetest, Alles für
die Welt, für Andre, ach und wenig für sich, denn wenn
man seinen Lebensgang betrachtet, so war er in Bezug auf
äußre Erfolge glänzend, aber sein Herz hat viel gelitten!"

„Gewiß! Aber das Bewußtsein seine Regentenpflicht
auf so würdige Weise, im Einzelnen wie im Ganzen erfüllt
zu haben, hat gewiß auch über seine Tage Frieden und Glück
verbreitet."

Die Matrone hing ihren Erinnerungen nach, sie sprach
von der glücklichsten Zeit ihres Lebens, und dann von Allem
was den Mann ihres Herzens Bittres betroffen hatte.

Cornelia hörte der verehrten Frau mit Theilnahme und
Liebe zu.

Am andern Tage wohnten die Damen dem Festzuge bei,
das Glück wollte es, daß Frau Haag einen Platz in der Nähe
des Regenten erhielt, als er die Huldigungen des Volkes
auf einem freien Platze, unter einem Thronhimmel entgegen
nahm. Sie konnte den, noch immer stattlichen, edelgestalteten
Greis nahe sehn, auch sein wahrhaft glückliches Lächeln, als
er auf ein Volk blickte, das, stolz auf seinen Fürsten, ihn wahr=
haft liebte. Er blickte mit seinen immer noch schönen, scharfen
Augen um sich her, sie trafen auf Cornelia und blieben
dort ruhen, denn sie, das Ebenbild ihrer Großmutter rief

ihm seine schönste, schmerzlichste Jugenderinnerung lebhaft
zurück.

Er erblickte auch die würdige Matrone neben ihr, und
als unter den vielen, ihm zugeworfenen Sträußen einer aus
Cornelia's Hand kommend vor ihm niederfallen wollte, fing
er ihn auf, drückte ihn nach den beiden Frauen hinüber
schauend, wie grüßend an seine Lippen und wandte sich dann
mit königlicher Haltung dem Oberbürgermeister der Stadt zu,
seine Rede zu vernehmen.

„Er ist glücklich," flüsterte mit schönem Lächeln die alte
Dame.

„Und Sie sind erkannt und unvergessen!" erwiederte
Cornelia.

Um dem fürchterlichen Gedränge zu entgehen, welches
fast lebensgefährlich geworden war, wandte sich die Dame
einer schmalen Seitengasse zu, welche, da es dort nichts zu
sehen gab, menschenleer war.

Ohne Verabredung, aber aus innerstem Herzensdrange
traten beide in die St. Gertruden Kirche und ließend sich betend
auf ihre Knie nieder.

Es waren nur hier und da einzelne Beter verstreut in
dem düstern Raume.

Jetzt erhob Cornelia ihren Kopf, ein theures, wohlbe-
kanntes Antlitz begegnete ihren Augen was sie empfanden,
wer vermochte es zu sagen, Beide, Emil und Cornelia

hatten sich an heiliger Stätte wiedergefunden um sich nie wieder zu trennen.

Sechszehntes Kapitel.

Schloß Bieberach.

Im Frühherbste des Jahres 1859 machte ich, wie es meine Weise ist, eine Fußtour, ohne allen Plan in das Blaue hinein. Ich suche mir gern Gegenden welche noch nicht allen Touristen bekannt sind, vor Allem aber liebe ich stille Wälder, alte Burgen und sitze gern dann und wann in einem reinlichen Dorfgasthofe, aber nicht um Stoff zu Dorfgeschichten zu sammeln.

In Linderode hörte ich so viel Schönes über den Hofgarten zu Bieberach, daß ich mir vornahm, den andern Morgen hin zu wandern.

Ich machte mich denn auch wohlgemuth auf den Weg, den ich so reizend fand, daß ich bald da, bald dort stehen blieb, um mich so recht aus Herzensgrunde an der Natur zu erfreuen.

Aber ich hatte zu viel auf die grüne Erde und zu wenig auf den blauen Himmel geschaut, deshalb wurde ich mitten auf freiem Felde von einem tüchtigen Platzregen überrascht.

Doch ich stehe wie es scheint, unter dem Protectorate St.

Julians, gerade zur rechten Zeit kam ein leichter aber be=
deckter Wagen an mir vorüber, und eine wohllautende
Männerstimme aus dem Innern des Wagens rief mir
freundlich zu: „Steigen Sie ein mein Herr, Sie werden sonst
ganz durchnäßt."

Ich ließ mich nicht zweimal bitten, stieg ein und stellte
mich dem artigen Cavalier vor, denn als solchen erkannte ich
ihn auf den ersten Blick.

„Fußtouren lieben Sie also?" sagte er im Laufe des
Gespräches, „in früheren Zeiten meine Leidenschaft. Wo
wollten Sie hin?"

„Die schönen Gärten und Treibhäuser des Grafen Hoch=
berg-Bieberach mir ansehn."

„Das trifft sich herrlich, ich bin der Graf Hochberg=
Bieberach, und wollen Sie mein Gast sein, sind Sie mir und
den Meinigen herzlich willkommen. Wir leben nur für uns,
lesen viel und Ihre Bücher haben uns schon oft freundlich
Gesellschaft geleistet."

Ohne Zögern nahm ich die mit so viel Offenheit und An=
muth gemachte Einladung an, und gestehe, daß die acht Tage,
welche ich in Schloß Bieberach verlebte zu den angenehmsten
meines Lebens gehören.

Der Graf wurde mir ein Freund, die schöne junge
Gräfin mit ihrem Sohne erschien mir als das Ideal edler
Weiblichkeit und niemals im Leben habe ich eine Matrone
von solcher Würde und Liebenswerthheit gesehn, wie die
Oberstin Haag, welche bei ihren Kindern lebt, und sich in
deren Glücke verjüngt.

Eines Morgens als wir allein den Park durchwanderten,
erzählte mir der Graf seine Liebesgeschichte.

Ich schwieg, nachdem er geendet hatte, lange, endlich fragte ich: „und Ihre Frau Mutter?"

„Lebt im Sommer in Abermannsdorf, im Winter in Wien. Sie hat sich, bestochen von Cornelia's Liebenswürdigkeit und von dem vornehmen Wesen der Großmama, mit meiner Wahl ausgesöhnt."

„Und der Baron Rayenhof, der Ihnen so viel Kummer verursacht, beinahe ihr ganzes Lebensglück zerstört hat? —"

„Ist seit kurzem Excellenz, mit der Gräfin Klothilde von Barnefeld vermählt und besucht uns stets, wenn der liebe Bund Ferien hat."

„Ohne Verlegenheit?"

„Ohne Verlegenheit. O mein Liebster, haben Sie jemals einen Diplomaten in Verlegenheit gesehn? Mein Vetter hat damals Französisch gesprochen, mich, den er, wie er versichert, schon für den Fürsten Bieberach=Barnefeld gehalten hat, prince genannt, durch meine Mutter bin ich im hundertsten Grade mit den Herzögen von S . . verwandt, also hat, wie Rayen=hof behauptet, die Großmama nicht ganz recht verstanden, und außerdem habe er auf Befehl meiner Mutter gehandelt, und es gut gemeint. Was ist mit einem solchen Menschen zu machen?"

„Wie, mein bester Graf, Sie haben diesem Intriguanten verziehen, und Ihre Gemahlin auch?"

Während dieses Gespräches trat Cornelia zu uns, mit einem schönen Blicke auf ihren Gatten sagte sie: „warum sollten wir nicht verzeihen, wir sind ja glücklich, nicht wahr, mein Emil?"

Druck von Müller & Wagner in Leipzig.

Die bisher erschienene Sammlung von

„Unterwegs und Daheim"

herausgegeben von

Dr. Bernhard Heßlein

enthält folgende Bände:

Der Preis dieser Sammlung, welche fortgesetzt wird und auch einzeln in jeder Buchhandlung zu haben, ist à Band 10 Ngr.

———

In demselben Verlage ist in zweiter Auflage erschienen:

Im Golf von la Spezzia

und

am Comersee.

Von Prof. Dr. Schellenberg.

Mit 3 Karten: Reisekarte von Sardinien und der Lombardei; der Golf von la Spezzia; der Comersee.

Preis 1 Thlr. 10 Ngr.

———

Ferner:

Jefferson Davis.

Social-politischer Roman
aus dem amerikanischen Bürgerkriege.
Von
Dr. Bernhard Heßlein.

In drei Abtheilungen:
I. Der Teufel von Five Points.
II. Die Negerbarone.
III. Das weiße Haus.

In Lieferungen à 4 Sgr.

Die Kritik hat sich über dieses Werk bisher einmüthig in anerkennendster Weise ausgesprochen; so sagt unter andern Zeitungen der Hannöversche Anzeiger:

„In scharfen Umrissen und grellen Farben malt der Verfasser die nordamerikanische Gesellschaft in ihrer Zersetzung durch das Gift der Sklaverei. Der Verf. ist in den Straßen und Häusern, den Salons, den eleganten Spielhöllen und verworfensten Kneipen von New-York, welche der Schauplatz des ersten Bandes, heimisch, als wäre er in dieser Metropole der neuen Welt geboren; und dabei besitzen seine Bilder eine außerordentliche Objectivität und Plastik. Beklemmen uns die Scenen, in die wir versetzt werden, auch oft den Athem und erfaßt uns ein Grauen vor den handelnden Personen, so müssen wir ihnen doch ein selbstständiges, ein organisches Leben zuerkennen; sie bewegen sich nicht an den Drähten der Tendenz; ihr Fehler ist nur, daß sie zu wahr sind und uns allzuwenig Licht in dem fürchterlichen Dunkel ringsum tröstet und erhebt. Selbst die besten Charaktere haben von der Sklaverei einen Flecken erhalten und die rührende Kinderunschuld athmet in einer Atmosphäre von Verderbtheit und Verbrechen. Es ist für sie kein Raum, kein Gedeihen in der nordamerikanischen Gesellschaft.“